AF331051

LES REIOÜISSANCES DE LA PAIX,

AVEC VN RECVEIL, de diuerses pieçes sur ce sujet :

DEDIE A MESSIEVRS LES Preuoft des Marchands & Efcheuins de la ville de Lyon.

Par le P. C. F. M. de la Compagnie de IESVS.

A LYON,
Chez BENOIST CORAL, ruë
Merciere, à la Victoire.
____
M. DC. LX.
Auec Priuilege du Roy.

ORDRE DES CHOSES CONTENVES
en ce Volume.

A MESSIEVRS

LES PREVOST

DES MARCHANDS

ET ESCHEVINS DE LA VILLE
DE LYON; Prefidens, Iuges, Gardiens,
Conferuateurs des Priuileges Royaux des
Foires de la Ville de Lyon.

Meffire HVGVES DV POMEY
Seigneur de Rochefort les Sauuages &
Rancé, Confeiller du Roy en fes Confeils,
Preuoft des Marchands.

Nobles MARC ANTOINE MAZENOD,
Seigneur de Panezin; CHARLES
ROVGIER, Efcuyer, Confeiller du Roy
en la Senefchauffée & Siege Prefidial de
ladite Ville.

IACQVES MICHEL Seigneur de la Tour de
Champ, & BARTHELEMY FERRVS,
Confeiller de Sa Majefté, Controleur des
Rentes Prouinciales en la Generalité de
Moulins, ESCHEVINS de ladite Ville &
Communauté de Lyon.

MESSIEVRS,

Les foins que vous prenez
de procurer le bien public, & de main-

tenir le repos de cette Ville, oblige tou
les Citoyens à vous offrir les premier
fruits de la Paix. Vous luy auez dreſſ
vne pompe ſi magnifique & ſi belle
qu'elle merite que la poſterité en con-
ſerue le ſouuenir, & que les eſtranger
en voyent vne eſbauche, pour apprendre que voſtre conduite n'eſt pas moin
auguſte que paiſible. C'eſt la gloire de
Lyonnois de n'auoir point vû d'autre
feux, que ceux des réioüiſſances publi
ques. Les eſtincelles des embraſemens
qui ont deſolé les Prouinces voiſines
ne ſont point venuës iuſques à eux ; l
cendre des guerres ciuiles ne leur a rie
oſté de leur luſtre, & la fumée de ce
incendies n'a iamais noircy leur fidelit
Il falloit vn ſemblable berceau à la Pai
& l'on ne ſe doit pas eſtonner qu'ell
ait eſté conceuë dans vn lieu, qui auoi
ſeruy de retraite au repos durant le
troubles du Royaume. Noſtre Monar

que

que en témoigna de la ioye, & nous
pouuons asseurer auec respect, que ce fut
à la vûe de la tranquillité de Lyon,
qu'il prit des pensées de paix, & qu'il
resolut de la donner à ses sujets. Ces
belles semences produisirent le fruit
dont l'Europe commence à joüir, & les
negociations secrettes, qui se firent icy
dans le cabinet, furent les premieres
auances du traité de Saint Iean de Luz.
Enfin, Messieurs, vostre gouuernement
sera illustre dans nos annales sous de si
belles esperances, vos noms y marque-
ront eternellement le bon-heur de tous
les peuples, & vous receurez des bene-
dictions de toute la posterité, tandis que
ie feray gloire de luy apprendre auec
quelle passion ie suis.

MESSIEVRS,

Vostre tres-humble & tres-obeïssant
seruiteur CLAVDE FRANÇOIS
MENESTRIER de la Compagnie
de IESVS.

A MESSIEVRS
LES PREVOST DES MARCHANI
ET ESCHEVINS.

SONNET.

Fideles Magistrats vostre rare prudence
Nous fait goûter les fruits d'vne eternelle pa
LYON en reconnoist les sensibles effets,
Et ne doit son repos qu'à vostre vigilance.

Tandis que la reuolte armoit contre la Fran
Et que la Majesté plioit dessous le faix;
Sans suspendre le cours de vos premiers bien-fai
Vous auez maintenu le calme & l'abondance.

Les marbres le diront à la posterité,
Et vos neueux vn iour sur vostre authorité
Du bon gouuernement se feront vne idée:

Ils apprendront de vous à regler les estats;
Ainsi sans exercer vne charge cedée,
Aux siecles à venir vous serez Magistrats.

LES
REIOVISSANCES
DE LA PAIX,

Faites à Lyon pour sa publication au mois de Mars de l'année mil six cens soixante.

VOICY vn spectacle digne des yeux de tous les peuples, & vn triomphe digne de la pieté & de la valeur d'vn Monarque. Nos craintes sont enfin changées en autant de belles esperances, que nous auons ressenty de maux durant vne longuë & cruelle guerre, qui a épuisé le sang le plus pur de deux Royaumes, & enleué la fleur de la plus vaillante noblesse. Les acclamations publiques succedent aux larmes, & aux soûpirs, & les trompettes dont l'air retentit en tant de lieux, ne ſont plus les funeſtes bouches d'airain, qui ne preſageoient que la mort & le carnage. Les feux que nous allumons ne ſont plus la deſolation des Villes & des Prouinces, & le bruit des canons donne à preſent plus de joye que de terreur.

La Paix attenduë depuis ſi long-temps, & deſeſperée tant de fois durant les troubles de nos dernieres guerres ciuiles, vnit enfin deux illuſtres ennemis pour faire le bon-heur de leurs ſujets, & le ſang de France s'allie au ſang d'Eſpagne, pour arreſter les ruiſſeaux de celuy qui a ſouuent enflé nos riuieres, & arroſé nos campagnes.

Pax ex-ultatio infinita prouinciarum Ennod. in vita Epiph. c. 21. Gaudij materia & argu-mentum Chryſoſt. homil. 3. ad Coloſſ. Cette Ville, qui a touſiours conſerué ſon repos durant les agitatiõs de l'Eſtat, s'abandonne maintenant aux mouuemens les plus doux de la joye, & pour couronner l'appareil de toutes les feſtes publiques du Royaume par vne magnificence digne du bien-fait qu'elle reçoit de ſon Souuerain, elle a donné pluſieurs iours à vne pompe, qui eſt le premier fruit d'vne paix, qui ſera de longue durée. Il y a long-temps, que

l'Europe

l'Europe n'a point eu de joye plus legi-
time que celle-cy, qui vniſſant les
cœurs de tant de peuples ouure toutes
leurs bouches pour benir le Ciel de la
faueur qu'ils ont receüe, & fait retentir dans toutes les Villes les noms glorieux de deux Monarques pacifiques
iuſqu'à rendre les rochers ſenſibles à
noſtre bon-heur dont ils repetent les
ſaillies.

L'abſence de noſtre incomparable
Prelat a retenu nos empreſſemens, &
ſi nous auons eſté des derniers à rendre
ce deuoir public, ce n'a eſté que pour
le faire à la vüe de cette intelligence,
qui regle tous nos mouuemens. Cette
ceremonie auroit eu beaucoup moins
d'éclat, ſi elle n'eut eſté honorée de ſa
preſence, & comme nous deuions à
ſes ſoins la paix dont nous auons joüy
durant les derniers troubles, il eſtoit
iuſte qu'il en acheuat toute la gloire, &
qu'il en receut les premieres marques
de nos reconnoiſſances.

Ce delay a fauoriſé noſtre deſſein,
nous auons finy la plus incommode des
ſaiſons par l'extinctiõ de nos malheurs,
nous auons conſacré le mois de Mars

à la Paix, pour ſeruir d'heureux augure au repos des peuples : nous auons
meſlé l'oliue de noſtre Monarque Pacifique aux palmes du triomphe de
IESVS-CHRIST; & par vne rencontre
d'autant plus heureuſe, qu'elle ſemble
vn oracle du S. Eſprit, nous auons ap-
plaudy au bon-heur de la France en
chantant auec l'Egliſe, *Ecce Rex tuus
venit tibi manſuetus.* Voicy ton Monarque, qui retourne de la plus glorieuſe
de ſes entrepriſes. Ce n'eſt plus vn Roy
armé de fer & de feu, ce n'eſt plus vn
Roy terrible & menaçant ; c'eſt vn
Roy pacifique & debonnaire. La victoire ne fera plus marcher de dépoüilles deuant luy pour t'annoncer ſa venuë ; mais la paix & l'amour feront
marcher à ſa ſuite toutes les Prouinces
deliurées, & lieront à ſon char tous
les cœurs de ſes ſujets. On ne luy dreſ-
ſera pas des arcs de triomphe où ſes
beaux exploits ſoient grauez ſur le
marbre, & ſur l'airain, mais toutes les
voûtes de nos Egliſes retentiront
d'Hymnes & de Cantiques ſacrez. Les
graces luy offriront à pleines mains des
fleurs, & du myrrhe pour ſes lauriers,

&

Le Te
Deum
chanté
le iour
des Ra-
meaux.

& l'augufte beauté qui doit partager
fon trône apres auoir vny les deux
partis, fera la plus belle pompe de fon
triomphe. L'Efpagne, qui n'auoit encore aucun aduantage fur les armes de
ce ieune Prince, & qui malgré les di-
uifions inteftines du Royaume auoit
vû fes Prouinces demembrées, & fes
villes emportées fe réjoüit d'auoir
trouué des armes, qui puiffent vaincre
vn Monarque inuincible, & defarmer
vn conquerant. Graces à l'amour cette
nation fi long-temps battuë a fait fa
conquefte du plus genereux des Heros,& les images de Therefe ont fait ce
que les armées les plus nombreufes
n'auoient iamais tenté fans peril. Le
victorieux a receu les aimables chaif-
nes de fon ennemïe, & fans rien per-
dre de fa fortune dans de fi beaux fers,
il a fait fa captiue de fa victorieufe. Il
faut pourtant que la moitié de fa couronne foit la rançon de fon cœur pri-
fonnier, qui apres l'efchange de celuy
de fa conquefte ne trouuera plus de
liberté affez douce, pour trauailler à
fon élargiffement.

Noftre joye n'a plus d'eloges affez
Heroïques

Heroïques pour publier la moderatioñ
d'vn Prince, qui vient d'arracher les
aisles à sa fortune, & d'énchaisner sa
victoire pour faire le repos de ses sujets
aux despens de ses auantages. Nos
frontieres, que les dernieres guerres
ont desolées le nomment leur liberateur. Les ennemis loüent sa generosité,
les rebelles restablis publient haute-
ment sa clemence & les epithetes magnifiques *d'Auguste, de Hardy, de Debonnaire, de Grand, de Sage, de Beau, de
Prudent, de Magnanime & de Iuste*, que
ses ancestres ont portez ; font les titres
de toutes ses images, & les inscriptiõs
des monumens publics que toute la
France luy dresse. Il n'en est aucuñ
neantmoins, qui luy soit plus glorieux
que celuy de Pacifique ; & si le plus
ieune & le plus courageux de nos
Louys prenoit autre fois cette qualité
entre ses titres, en se souscriuant *Louys
Roy de France, & Duc d'Aquitaine, fils
de la Paix & de l'Eglise.* Celuy-cy peut
ajoûter à son titre de fils aisné de l'E-
glise celuy de *Pere de la Paix*, & de *liberateur des Peuples*,

Monseigneur nostre Archeuesque
ayant

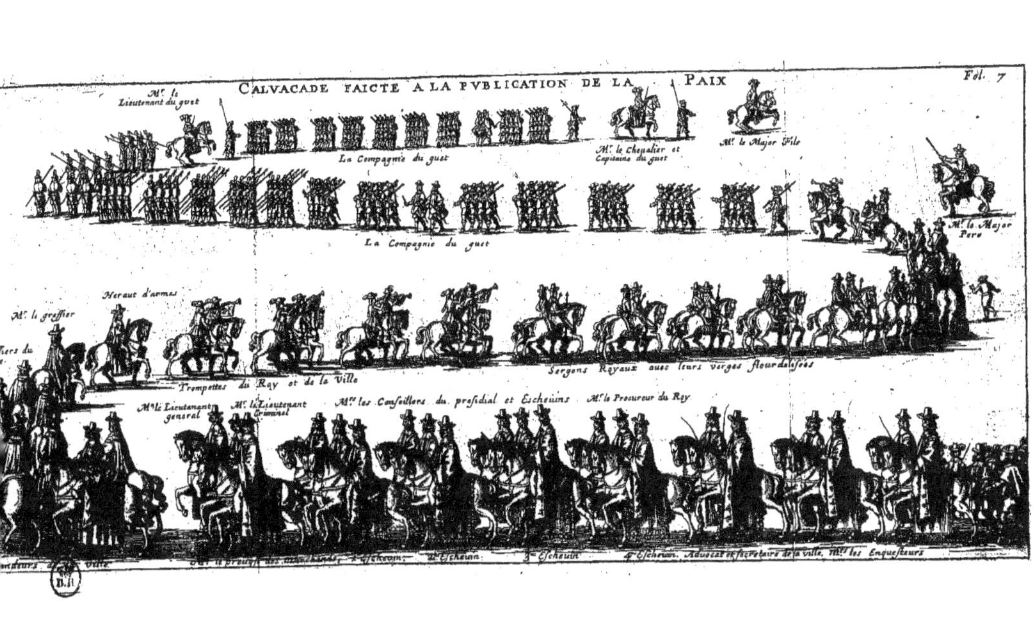

CALVACADE FAICTE A LA PVBLICATION DE LA PAIX
Fol. 7
Mr. le Lieutenant du guet
La Compagnie du guet
Mr. le Chevalier et Capitaine du guet
Mr. le Major Fils
Mr. le Major Pere
La Compagnie du guet
Heraut d'armes
Mr. le greffier
Trompettes du Ray et de la Ville
Sergens Royaux avec leurs verges fleurdelisées
Mrs. Lieutenant general
Mr. le Lieutenant Criminel
Mrs. les Conseillers du presidial et Escheuins
Mr. le Procureur du Ray
1er Escheuin
2e Escheuin
3e Escheuin
4e Escheuin. Advocat et secretaire de la ville. Mrs. les Enquesteurs

ayant receu vne lettre de cachet de Sa
Majesté, qui luy commandoit de faire
publier la Paix dans cette ville, la com-
muniqua à nos Magistrats,& Messieurs
les gens du Roy ayant expliqué les in-
tentions de Sa Majesté à Messieurs du
Presidial assemblez en ceremonie,
apres vne harangue elegante pronon-
cée par Monsieur Bollioud Aduocat du
Roy, on conclud à la publication qui
fut en mesme temps faite dans l'Au-
dience publique,aux fanfares des trompettes, qui furent interrompus des cris
de *viue le Roy.*

L'apresdiné on fit cette mesme publication dans diuerses places de la ville
en cet ordre. Messieurs du Siege Presidial vestus en robes rouges, auec
Messieurs les Preuost des Marchands
Escheuins,& autres Officiers du Corps
de Ville vestus de leurs habits de ceremonie, commencerent à faire publier
la Paix à la porte du Palais par Angou-
lesme Heraut d'armes, vestu de sa
cotte d'armes violette à fleurs de lys
d'or,auec son email & son baston fleur-
delisé. Apres quoy ils marcherent tous
en caualcade en bel ordre par toute la
ville.   Le

Le Cheualier, & Capitaine du guet,
Noble Iean Baptifte Farjot, Seigneur
de S. Hilaire, Conſeiller & maiſtre
d'Hoſtel ordinaire du Roy, Exconful,
marchoit en teſte de toute ſa Compagnie de trois cens hommes leſtement
armez : au milieu de laquelle marchoit
Noble Iean Baptiſte de Seuelinges
Eſcuier, Sieur de L'Eſtrette, Gentil-
homme ordinaire de la Chambre du
Roy, Capitaine au Regimét de Guize,
& Capitaine Lieutenant de la Compagnie de Monſieur le Cheualier du guet.
Elle eſtoit ſuiuie des Sergens Royaux
& Huiſſiers du Siege, montez à cheual,
portans leurs verges fleurdelisées. Les
Mãdeurs de Ville veſtus de leurs robes
violette, à la manche aux excuſſons de
la Ville en broderie d'or & d'argent, &
meſlez aux Greffiers & autres Officiers du Preſidial, precedoient le Heraut d'armes, accompagné de huict
trompettes veſtus des liurées du Roy
& de la Ville. En ſuite deſquels paroiſſoit le Preſidial auec le Corps de
Ville à ſa gauche, tous montez ſur
des cheuaux blancs à la houſſe de ve-
lours noir en broderie trainante iuſqu'en

qu'en terre. Ils marchoient en cet ordre.

Au premier rang.

Messire Pierre de Seue, Baron de Flecheres, de Saint André du Coing, & Limones, Villette & Grelonges, Conseiller du Roy en ses Conseils d'Estat & Priué; President & Lieutenant general en la Senechaussée, & Siege Presidial de Lyon.

Messire Gaspar de Monconis, Seigneur de Liergues & Pouilly, Conseiller du Roy en ses Conseils, & son Lieutenant general criminel en la mesme Senechaussée & Presidial.

Messire Hugues de Pomey Seigneur de Rochefort les Sauuages & Rancée, Conseiller du Roy en ses Conseils, Preuost des Marchands.

Au second rang.

M. Marc Anthoine du Sauzey Seigneur de Iarnosse, Varennes, la Molliere, & Conseiller du Roy, Lieutenant particulier en la Senechaussée & Siege Presidial.

M. Gaspar Charrier Conseiller du Roy en ses Conseils, Lieutenant particulier, Assesseur criminel en la mesme Senechaussée & Siege Presidial.

M.

M. Marc Antoine Mazenod, Seigneur de Panezin, premier Eſcheuin.

Au troiſiéme rang.

M. Izaac Congnain Eſcuyer, Conſeillier du Roy, Magiſtrat en la Senechauſſée & Siege Preſidial de Lyon.

M. François Chapuis, Seigneur de la Fay & Laubepin, Conſeiller du Roy en la Senechauſſée & Siege Preſidial de Lyon.

M. Charles Rougier, Eſcuyer, Conſeiller du Roy en la Seneſchauſſée & Siege Preſidial de ladite Ville, ſecond Eſcheuin.

Au quatriéme rang.

M. André Proſt Eſcuyer, Conſeiller du Roy en la Senechauſſée & Siege Preſidial de Lyon.

M. Daniel Cholier Eſcuyer, Conſeiller du Roy en la Senechauſſée & Siege Preſidial de Lyon.

M. Iacques Michel Seigneur de la Tour de Champ, troiſiéme Eſcheuin.

Au cinquiéme rang.

M. Iean Vidaud Seigneur de la Tour, Conſeiller du Roy en tous ſes Conſeils, & ſon Procureur en la Senechauſſée & autres Iuriſdictions Royales de la Ville de Lyon.   M. Barthe

M. Barthelemy Ferrus, Conſeiller de Sa Majeſté, Controleur des rentes Prouinciales en la Generalité de Moulins, quatriéme Eſcheuin.

Au ſixiéme rang.

M. Gaſpard Grolier, Eſcuyer, Aduocat, & Procureur General de la Ville.

M. De Moulceau, Eſcuyer, Secretaire de la Ville de Lyon, & Communauté d'icelle.

Au ſeptiéme & huictiéme rang.

Meſſieurs Charles Couppé, Benoiſt Grimaud, Antoine Gaillat, & François Stouppa, Enqueſteurs.

Meſſieurs Seuerat pere & fils exerçoient la charge de Major, dont ce dernier à la ſuruiuance.

Leur marche ſe fit au milieu de la Bourgeoiſie rangée ſous les armes dans les places, où elle formoit vne double haye, & on alla en cet ordre en la place des Terreaux deuant l'Hoſtel de Ville, qui eſtoit gardé par Monſieur Grolier Seigneur de Caſau, Capitaine de la Ville & forces d'icelles, qui commandoit ſa Compagnie de trois cens Arquebuſiers, au milieu deſquels la Paix

fut publié par Monsieur le Vefve
Greffier, apres que le Heraut eut fait
crier *viue le Roy.* On fit le mesme dans
les places des Cordeliers, de Bellecourt,
de Confort, de l'Herberie, du Change,
& de S. Iean. La descharge de la mouf-
queterie suiuit cette publication dans
tous les Quartiers, outre le carrillon des
cloches, & le bruit des mortiers & des
canons.

On vit au temps de cette publication
deux beaux arcenciels, qui parurent
assez long-temps, & qui furent des tef-
moignages éclatans de l'approbation
que le Ciel donnoit à cette action, &
d'illuftres presages du bon-heur de la
Paix.

Le lendemain, iour des Rameaux,
& le vingt-&-vn du mois fut deftiné
aux actions de graces qu'on rendit au
Ciel pour vne faueur si signalée. On
chanta à l'issuë de Vespres le *Te Deum*
dans l'Eglise Cathedrale, auquel affifta
Monseigneur noftre Archeuefque, qui
officia auec Messieurs les Comtes. Le
Prefidial, le Corps de Ville, les Trefo-
riers, & les Eleuz y furent prefens. Et
le fanfare des Trompettes, qui retentît
dans

dans cette Eglife, auec la defcharge des boëtes & des canons, ouurirent les cœurs de tous les citoyens à la joye. Les fontaines de vin qui coulerent durant cette réioüiffance, donnerent occafion à tout le peuple de boire à la fanté de Sa Majefté, & de noyer dans cette liqueur toutes les amertumes des maux paffez. Elles eftoient toutes à quatre grands tuyaux, qui fortoient d'autant de meuffles de Lions.

Sur les neuf heures du foir, Monfeigneur l'Archeuefque affifté de Meffiéurs les Preuoft des Marchands & Efcheuins, mit le feu à la machine dreffée fur le Pont, tandis que douze Penonnages fous les armes en gardoient les auenuës & bordoient les deux Quays de la riuiere. L'apareil de la machine demande vne defcription particuliere, comme le fuccez de l'artifice exige qu'on loüe les foins & l'addreffe du Sieur Bergeret Artificier ordinaire de la Ville.

* *
*

Pl. 15
Blanchet inuent.
Aurquæ fecit

DESCRIPTION DV FEV
d'Artifice dreßé sur le Pont
de Saône.

LEs elemens qui seruent à toutes les productions de la nature, contribuent au bon-heur des peuples, & à la gloire des conquerans. Ceux qui les ont eu à leurs gages ont remporté sans beaucoup de peine des victoires, qui auroient lassé plusieurs Souuerains & épuisé plusieurs Prouinces.

Ces quatre grands ouuriers des merueilles de la nature, trauaillent incessamment à la gloire de nostre incomparable Monarque. La Terre s'épuise en fleurs & en couronnes, elle fait tous les iours des lauriers & des palmes pour ses triomphes, & sans gemir sous le poids de ses trofées, elle ouure son sein pour fournir des materiaux au temple que l'honneur & la vertu luy dressent dans le cœur de ce Royaume. L'Air qui porte iusqu'au bout du monde le bruit de ses victoires, & la reputation

de ſes armes fait oüir ſon nom par la
bouche des trompettes, & par toutes
les langues artificielles de la muſique:
L'Eau qui ſert de champ de bâtaille
aux armées flottantes, a rougy du ſang
des ennemis qu'ils a défaits; Le Feu
tout ardant qu'il eſt, auoüe qu'il eſt
moins agiſſant que ce ieune Prince, &
les mouuemens qui l'agitent, ſont des
marques irreprochables de l'empreſſement qu'il a de s'employer au ſeruice
d'vn Heros, qui fait les delices du
monde.

Cet auguſte triomphateur les deſtine à de meilleurs vſages, il en fait des
Heraux de paix, & les truchemens
eloquens de l'amour qu'il a pour les
peuples. Il ne s'en ſert plus pour donner de la terreur, il en fait les inter-
pretes des joyes publiques, & ce Monarque deſarmé commande qu'on ad-
douciſſe leur fierté pour en faire les inſtrumens innocens de la felicité de ſes
ſujets.

Le feu, qui a eu le plus de part dans
les guerres qu'il a faites, fait les premiers preſages de la Paix, & comme
il tient le rang le plus haut dans l'ordre
du

du monde , il a l'auantage fur tous les
autres en ces réjoüiffances publiques.
Son éclat porte d'abord dans les yeux
des eftincelles de lumiere , qui font les
premieres auances du plaifir, & fa chaleur ouure le cœur aux plus belles faillies de la joye. Il n'eft rien de plus libe-
ral que luy,il communique fes qualitez
à tout ce qui l'approche, & fait des pro-
fufions continuelles de fes lumieres. Il
n'eft rien de plus agiffant , il eft dans
de continuelles inquietudes,il s'attache
à tous les corps, il trauaille fur toute
forte de matiere , & transforme en fa
fubftance tout ce qu'il penetre. Ses
operations font les miracles de l'art &
de la nature. Il change le fable en cry-
ftal, les poifons en remedes , les fleurs
en effences, & la terre en or. Il nous
empefche d'eftre aueugles la moitié de
noftre vie. Il brille dans les aftres , il
eftincelle dans les rubis, il petille dans
les yeux des Lions, Il s'infinuë dans
leurs moüelles , & il trauaille dans tous
les cœurs. Sa chaleur luy tient lieu de
mains, fa flâme de langue , fa lumiere
d'yeux, & fa legereté, de pieds. Il eft
terrible dans les mines, paifible dans le

Ciel, sacré dans nos mysteres, vtile dans nos maisons, & dangereux dans les armées. Mais il est aimable à present qu'il ne sort de la bouche des canons que pour annoncer le repos, & qu'il ne paroit dans les places publiques, que pour y dissiper les tenebres de la discorde, & pour allumer dans les cœurs des citoyens des estincelles d'amour & de reconnoissance.

Cette Ville pour donner vne grace particuliere à la joye, qui luy est commune auec toutes les autres du Royaume, a choisi vn dessein illustre pour exprimer ses sentimens d'allegresse auec plus d'esprit & de pompe ; & comme elle ne forme que de hautes idées de la vertu de Sa Majesté sur les plus belles ébauches de l'histoire. LE TEMPLE DE IANVS FERME' est le sujet qu'elle a choisi pour apprendre à tous les François qu'il ne falloit pas moins qu'vn Auguste pour le fermer. En effet on n'a iamais vû des Princes timides donner la paix : Ce n'est que des mains des Heros qu'on la reçoit ; & l'oliue n'a iamais couronné d'autres testes, que celles que la victoire auoit déja couronnées

ronnées de palmes & de lauriers. Il n'eſt que les Numas, les Auguſtes, & les Antonins, qui portent le nom de pacifiques chez les Romains ; la Grece ne l'a donné qu'à ſes liberateurs, & nos Annales en font ſeulement la gloire de Charlemagne, de Philippes Auguſte, de S. Loüis, & de Henry le Grand. Nos autres Monarques ont eſté victorieux, debonnaires, hardis, ſages, iuſtes, & courageux ; mais la fortune leur a enuié ce bon-heur qu'elle refuſa au premier des Ceſars, & à tous les autres fondateurs des Monarchies.

Cette gloire eſtoit reſeruée à la pieté, & à la valeur du ieune Prince que le Ciel nous a donné, il fut le fruict glorieux des vertus & des triomphes de ſon Pere, & la Paix eſt celuy de ſes premiers trauaux. C'eſtoit à Louys Auguſte de fermer ce temple, que ſon pere auoit ouuert pour defendre ſes droits : il n'eſt pas moins victorieux que luy, & ce dernier triomphe, qu'il a remporté de ſon courage doit faire vn iour dans l'hiſtoire le plus beau trait de ſon image. Nous grauerons ſur toutes les baſes de ſes ſtatuës l'eloge ra-

courcy que Rome graua ſur les arcs de
triomphes de Conſtantin LIBERA-
TORI, ET FVNDATORI QVIETIS:
Et nous adioûterons au glorieux tiltre
de fils aiſné de l'Egliſe celuy d'enfant
de Dieu.

Pacifici, filij Dei vocabū-tur.

Que l'on flatte ſa valeur des eſperances incertaines de la conqueſte du
monde, celle qu'il a faite eſt plus glorieuſe, & l'Empire des cœurs eſt vn
Empire plus grand & plus noble, que
toute la terre ſoumiſe.

Le pont qui ioint les deux parties de
cette Ville eſt le lieu, que l'on a choiſi
pour dreſſer la Machine de ce Temple,
afin que tous les yeux des Citoyens
pûſſent auoir part à vne ioye, qui leur
eſt également auantageuſe, & que ce
milieu de la Ville (qui en eſt comme
le cœur) exprima par des feux d'artifice, ce qu'vn feu plus doux fait dans
les cœurs des Lyonnois. C'eſt en ce
méme lieu que l'on dreſſa le Temple de
la Vertu à l'entrée de Louys le Iuſte,
& le Temple de la guerre ne luy a ſuc-
cedé, que pour eſtre la premiere victi-
me de la Paix, & le premier trophée
de la valeur tranquille de noſtre Monarque

narque. En voicy le sujet & l'occasion.

Les Sabins ayant declaré la guerre aux Romains apres l'enleuement de leurs femmes affoiblirent cette Monarchie naissante, & obligerent Romulus de faire la Paix auec eux. Il la iura solemnellement auec Tatius leur chef, & vn Temple dressé à Ianus, en fut vn gage eternel à ces deux peuples vnis. Numa Pompilius en regla depuis les ceremonies, & le consacra à la guerre. On y offroit des sacrifices pour l'heureux succez des armées, & les victorieux y rendoient graces aux Dieux pour les batailles gagnées & pour les ennemis défaits. Il ne fut iamais fermé que trois fois, la premiere sous les Rois durant le regne de Numa, la seconde sous les Consuls,& la troisiéme sous les Empereurs apres qu'Auguste fut retourné victorieux de Marc Antoine.

Cette Ville qui ne l'a point vû ouuert pendant les guerres du Royaume le void brûler à present par vn Louys Auguste, & par des Consuls vigilans.

Ce Temple que les histoires nous ont décrit estoit representé d'vne forme quarrée, qui respondoit aux quatre parties du monde:il auoit autãt de por-

tes par où les peuples venoiét offrir des
facrifices pour le fuccez de leurs combats, & prefenter les dépoüilles qu'ils
auoient remportées fur leurs ennemis.
Plutarque ne luy en donne que deux
en l'eloge de Numa, où il dit *Templum*
eſt eius bifore, quod Martis Ianuam vo-
cant. Hoc aperiri bello & claudi pace com-
poſitâ ſolenne eſt. Quod quidem difficilis
eſt exempli & rari. Neantmoins les autres Autheurs luy en donnent quatre,
& Ianus en a eu chez les anciens le
nom de *Quadriformis.* C. Baſſus en ſon
Liure des Dieux, dit *Ianus Bifrons ſu-*
perûm atquè inferûm Ianitor, idem qua-
driformis quaſi vniuerſa climata maieſta-
te complexus.

La ſtatuë de ce Dieu paroiſſoit au
milieu de ces quatre portes éleuée fur
vne baſe quarrée, où l'on voyoit des
ferpens pliez en rond, qui mordoient
leur queuë, & qui faiſoient le Symbole
de l'Eternité, comme la figure quarrée
l'eſt de la fermeté : pour apprendre aux
peuples que cette Paix, que les deux
Miniſtres ont traittée auec tant de prudence, fera vne paix de durée.

Cette Diuinité que les anciens nous
ont repreſentée à deux teſtes iointes

ſur vn meſme corps exprime aſſez
bien l'vnion de ces deux Miniſtres pour
le bien public, comme elles ont autres-
fois ſignifié l'vnion des Romains & des
Sabins. Quoy qu'on ait donné diuers
autres ſens à cette Image, nous nous
attachons preſentement à celuy-cy,
ſans nous mettre en peine des autres
rapports ingenieux que les Poëtes ont
trouué ſur cette figure.

La Couronne, qu'elle porte eſt la
marque de la dignité Royale de Ianus,
qui commanda dans l'Italie, auſſi tient
il de la droite le bâton de commandant
& de la gauche vne clef, qui n'eſt pas
moins à preſent la clef des cœurs, que
celle de l'année & de l'abondance.

Ille tenens baculum dextrâ clauemque
ſiniſtrâ. Ouid.Faſt.1.

Les quatre portes eſtoient ornées de
feſtons, & des figures des douze mois
qui compoſent l'année auec les images
des douze Signes, que des Girandoles
faiſoient mouuoir.

Il reſte encore quelques mazures de
ce Temple au marché des bœufs à Rome, & voicy ce que Pompilio Totti en
dit en ſa Rome Antique, où il en repreſente la figure, *Vedeſi*

Vedesi presso al foro Boario vicino alla chiesa di S. Georgio vn grande edificio di marmo, a guisa di vn portico quadro, peroche egli ha quattro porte, e quattro faccie. queste, seguitando la maggior parte de gli scrittori, diremo che era tempio di Giano, e quel che lo fa credere,è che Giano si figura per il tempo e questo suo tempio con quattro porte significano le quattro stagioni dell'anno, vedonsi a ciascuna porta quattro Nicchi a dimostrare gli dodici mesi in che egli è partito.

Mais quand il ne nous en resteroit aucun autre vestige, que ce qu'Ouide en a écrit au premier des Fastes, ce sera vn Temple immortel.

Dans les plates bandes des quatre faces on lisoit les inscriptions qui expliquoient le sujet, & qui inuitoient les peuples à la joye, il y en auoit deux Françoises, & quatre Latines. Celle qui regardoit l'Eglise S. Nizier estoit conceüe en ces vers.

SI IADIS VN CESAR FERMA L'AVGVSTE TEMPLE
DV DEMON DE LA GVERRE, ET FIT NAISTRE LA PAIX,
DV FLAMBEAV DE L'AMOVR VN PRINCE SANS EXEMPLE
LE BRVLE MAINTENANT POVR NE L'OVVRIR IAMAIS.

Celle qui estoit opposée à la place du Change disoit ainsi.

QVITTONS LE SOVVENIR DE NOS TRAVAVX SOVFFERTS,
ET PRES D'VN FEV SI BEAV SECHONS TOVTES NOS LARMES:
VVLCAN ARRESTE MARS, IL LE TIENT DANS SES FERS
ET NE TRAVAILLE PLVS A LVY FAIRE DES ARMES.
LOVYS BRVLE SON TEMPLE, ET CE ROY GLORIEVX
NE VEVT PLVS POVR AVTELS QVE NOS COEVRS ET NOS YEVX,

Les Latines eſtoient placées des deux coſtez de la riuiere, & eſtoient expri-mées en ces mots.

I.

SEDATIS TANDEM BELLORVM INCENDIIS
FESTIVOS IGNES EXCITA GALLIA,
VT ILLVCEAT ORBI QVIES.
NOVA EFFICE SIDERA FELICITATIS TVÆ
HOROSCOPO
ET MISSILIBVS IGNIVM LINGVIS
PVBLICA GAVDIA POPVLIS GRATVLARE.

II.

SPERATE FAVSTA PACIS AVGVRIA:
EX QVO COEPIT FELICITATIS ANNVS
RELIQVIS ESSE PRODVCTIOR.
MALORVM DAMNA
COMPENSATE PVBLICIS GAVDIIS;
DIES FASTIS ADDITA
PACIS NOMINE CONSECRETVR.
ET LAPILLO NOTANDA CANDIDO, VNIONE SIGNETVR.

L'an Biſ-ſextil.

III.

MARTIS HÆC PYRA FAX HYMENÆI EST,
QVAM E LVDOVICI PECTORE
VIVAX AMORIS FAVILLA ACCENDIT.
INSIGNITE PACIFICO REGIS NOMINE
MENSEM ALIAS MARTIVM NVNC AVGVSTVM
VER AVSPICAMINI NON ARIETIS FACIBVS
SED AMORIS.
SIC MELIORI NOMINE LVGDVNVM ERIT
CIVITAS LVCIS NON LVCTVS

Lugdu-nū lucis dunum.

IV.

IV.

CINERIBVS NVPER DIEM SACRAM FECERIT
METANOEA
HANC TOTAM FESTIS IGNIBVS CONSECRANT
LVGDVNENSIVM VOTA
DATE VENTIS CINERES POPVLI,
NE FELICI E BVSTO
BELLORVM HYDRA REPVLLVLET.

Sur les frontons estoient placées les quatre saisons auec leurs ornemens ordinaires. Vne seconde ordonnance de colomnes & de pilastres s'esleuoit sur ces quatre arceaux d'où Mercure suspendu en l'air descendoit en terre pour apporter les heureuses nouuelles de la Paix. L'Architraue de cet ordre soustenoit trois marches, sur lesquelles estoit posée vne base triangulaire, accompagnée des trois Graces, & sur cette base, estoit posée la nymphe Amalthée, qui soûtenoit sa corne d'abondãce & qui apportoit le rameau d'oliue pour gage de Paix. Elle faisoit le couronnement de tout l'ouurage, qui auoit quatre vingt pieds de haut.

Cette base estoit ornée de trois deuises, qui faisoient allusion à sa Majesté qui nous a donné la Paix.

La premiere estoit vne fusée allumée

auec

auec ces mots Italiens *quel che m'auuiua m'affogu*, celuy qui m'allume me de-ſtruit, pour dire que Sa Majeſté apres vne illuſtre guerre, qui luy a eſté auan-tageuſe, la fait ceſſer pour donner la Paix à ſes ſujets, comme le feu qui allu-me la fusée la conſume & la deſtruit.

La ſeconde eſtoit vn Phenix, qui ſortoit de ſon bucher, & qui prenoit l'eſſor pour s'aller expoſer aux rayons du Soleil & ces mots Eſpagnols luy ſeruent d'ame.

D'vnas llamas a otras.

D'vn feu à l'autre. Le feu de l'amour ayant enfin trouué entrée dans le cœur de noſtre Monarque en a fait ſortir celuy de la guerre.

La troiſiéme eſtoit vn éclair accom-pagné de ces mots TERRET SED NON DIV. Le feu de la fierté n'a pas long-temps duré dans noſtre Monarque, il luy fait ſucceder le feu de l'amour, qui eſt vn feu plus tranquille & plus ſerein.

Toute la machine faiſoit le corps d'vne autre deuiſe, dont l'ame eſtoit conceüe en ces mots Eſpagnols.

De mis llams el gozo.

C

De mes flâmes la ioye. En effet la ceffation de la guerre, & fa ruine eft la ioye des peuples, comme nous appellons feux de ioye ces machines que nous reduifons en cendres dans les réjoüïffances publiques.

Les ornemens des frifes, & des panneaux eftoient des cornes d'abondance, des armes brifées, des guirlandes de fleurs, des caducées, des fleurs de lys enlaffées de branches d'oliuier, & quantité d'autres fymboles propres de la Paix.

L'Artifice commença par la décharge de la guerre, de l'herefie, de la difcorde, & de la reuolte, qui s'efforçoiét d'empefcher qu'on ne fermat les portes du Temple; mais auffi toft que Mercure defcendit, les quatre portes s'abattirent auec grand fracas.

Le pont dont on auoit abbatu les parebandes pour donner lieu à toute la largeur de la machine eftoit bordé d'vn cofté & d'autre d'artifices, & de plufieurs defcharges de fusées : apres le fracas qui fe fit à la clofture du Temple, vn feu plus clair & plus ferain éclaira tout le haut de la machine où

eftoient

estoient les symboles de la Paix, &
vne pluye éclatante d'estoiles fit paroistre vne grande multitude d'astres
errans dont la chûte ne presageoit rien
de funeste. L'artifice dura vne heure
entiere auec des décharges côtinuelles.

Les armes du Roy, de la Ville, & de
Messeigneurs nos Gouuerneurs furent
representées par des lances à feu, &
l'on y leut distinctement des deux costez VIVE LE ROY, escrit par quatre
cents lances à feu.

Enfin nous pouuons appliquer à cette réjoüissance ce qu'Ouide escrit en
ses Fastes de la feste de Ianus.

Prospera lux oritur;linguisque,animisque fauete:
   Nunc dicenda bono sunt bona verba die.
Lite vacent aures, insanaque protinùs absint
   Iurgia, differ opus liuida turba tuum.
Cernis odoratis vt luceat ignibus æther,
   Et sonet accensis spica Cilissa focis.
Flamma nitore suo templorum verberat aurum,
   Et tremulum summâ spargit in æde iubar.

La course de Bague.

LE Lundy 22. Monsieur de Fore-
stier Escuyer de la grande Escuirie
du Roy, tenant Academie Royale en
cette ville, parut sur la carriere dressée

par l'ordre de Messieurs les Preuost des
Marchands & Escheuins en la place de
Bellecour, auec trente gentils hommes,
montez sur de tres-beaux cheuaux. Ils
coururent la bague, en presence de
Monseigneur nostre Archeuesque, de
Messieurs les Preuost des Marchands
& Escheuins, & de grand nombre de
Seigneurs & de Dames de consideration.

Voicy les noms des gentils-hommes
qui coururent, pour le prix donné par
Messieurs les Preuost des Marchands
& Escheuins.

M. Le Baron de Roussillon, de Bourgogne.

M. Le Comte de Vvalterskirken de
Vienne en Austriche.

M. Le Baron de Queriere de Viuaretz.

Monsieur De Champerny, Page de
Monseigneur l'Archeuesque.

M. De Gresolles, Page de Monseigneur l'Archeuesque.

M. De Seuelinges, Page de Monseigneur l'Archeuesque.

M. Le Baron de Fredeuille d'Auuergne.

M. Le

M. Le Comte de Saltzbourg, de Vienne en Auftriche.

M. De Guillaumont, gentil homme Prouençal.

M. De Chafteau-neuf, gentil-homme du Comtat.

M. Le Baron de Ste Helene, fils de M. le Comte de la Valdifere en Sauoye.

M. De Vedrines gentil-homme d'Auuergne.

M. D'Auxon, gentil-hôme Comtois.

M. De Baratier gentil-homme Lyonnois.

M. De Ville-neufve, gentil-homme Prouençal.

M. De Fourbin, gentil-homme Prouençal.

Meſſieurs les Barons de la Buſſiere freres, gentils-hommes Lyonnois.

Ce furent ceux qui coururent la bague. M. de Seuelinges page de Monſeigneur l'Archeuefque fut celuy qui gagna le prix d'vne tres-belle efpée, & d'vn fort riche baudrier.

La lice fut ouuerte fur les deux heures apres midy, & apres auoir pris les mefures, on fit trois courfes, huict Trompettes animoient cette action, &

fanfaroiét agreablement apres châque
dedans. Enfin chacun loüa l'addreſſe
de ces Gentils-hommes, & les ſoins de
M. de Foreſtier, que le Roy auoit déja
loüé durant ſon ſejour en cette Ville,
allant ſouuent en ſon Academie aſſiſter
aux exercices, que Sa Majeſté faiſoit
auſſi elle meſme faire à ſes Mouſque-
taires, & à ſon Regiment des Gardes.

Les Gentils-hommes qu'ils eſtoient
autour de la carriere eſtoient.

M. De Luzy, gentil-homme de Viuaretz.

M. Des Eſcures, gentil-homme de
Bourbonnois.

M. De Rochebonne, gentil-homme
Lyonnois.

M. De Chauanieu, gentil-homme
Lyonnois.

M. De Chanzay, gentil-homme
de Beaujolois.

M. De L'Auloire, gentil-homme
de Viuaretz.

M. De S. Hilaire, gentil-homme
de Normandie.

M. De Viterole, gentil-homme de
Dauphiné.

LES REIOVISSANCES
particulieres.

TOus les quartiers de cette Ville ont donné des marques particulieres de leur ioye, & pour le faire auec plus de soin, ils ont voulu que leur despense ne fut pas seulement magnifique, mais encore ingenieuse. C'est pourquoy outre les tables dressées dans les places & dans les ruës chacun à fait vn feu d'artifice, & tous ont choisi des sujets differés pour donner plus de varieté à ces diuertissemens. Nos Magistrats pour faire durer plus long-temps des réjoüissances si belles assignerent deux iours à ces artificés apres que le grand eut esté fait,& comme la ville est diuisée en deux par la Saone, on dõna le Lũdy 22.du mois au costé de l'Eglise S. Iean, & le Mardy suiuant au costé de l'Eglise S.Nizier. Tous les Pennonages de ces deux moitiez de Ville furét sous les armes durãt le iour, & aussi-tost que la nuict fut venüe on vit toute cette grande Ville en feu par la multitude des lanternes, dont toutes les fenestres

des maiſons eſtoient éclairées, les vnes
figurées en fleurs de lys , en écuſſons
des armes de France, en couronnes, en
guirlandes d'oliuier , en cœurs , & en
cent autres manieres. Les cordons de
pluſieurs baſtimens eſtoient bordez
d'vn grand nombre de lamperons, &
l'Hoſtel de Ville brilloit de tant de
feux & ſi bien diſpoſez, que ſa ſeule
vûe,& celle de nos ruës faiſoit l'eſtonnement des eſtrangers.

Meſſieurs les Comtes de S. Iean garni-
rêt la façade de leur Egliſe de lanternes,
qui repreſentoient les armes de tous les
Gentils-hommes , qui compoſent cet
auguſte Corps. Celles de nos Gouuerneurs & de nos Magiſtrats eſtoiét auſſi
aux feneſtres de l'Hoſtel de Ville. Les
Egliſes & les Maiſons Religieuſes voulurent auoir part à la pompe de ces feux
innocens, tous leurs clochers en eſtoiét
éclairez , & ſembloient autant de phares au milieu des tenebres de la nuiĉt.

Quelques particuliers voulurent auſſi
contribuër à la ioye publique, entre
leſquels le Sieur Pelletier Ingenieur,
fit admirer ſon addreſſe ; il expoſa par
vne feneſtre de ſon logis vne machine

qui

qui s'auançoit iufqu'au milieu de la
ruë, & qui reprefentoit les armes de
France couronnées dans le Ciel , &
placées dans le corps d'vn Soleil qui
perçoit la nuë pour montrer, que l'éclat
de noftre Monarque a triomphé des
obftacles qui s'oppofent à fes deffeins,
& diffipé les tenebres, & les broüillards
que le demon de la guerre auoit éleuez.

L'Ecuffon des armes eftoit fixe fur
vn grand cercle mobile d'or, dont le
mouuement balançoit en equilibre
trente lampes diuerfement colorées, &
allumées l'efpace de cinq à fix heures.
La couronne qui faifoit le haut de la
machine , auoit auffi le mouuement
circulaire , & portoit foixante autres
lampes mûes de la mefme maniere,
tandis que dix autres lampes fixes feruoient à diftinguer les mouuemens , &
éclairoient les chiffres de fa Majefté,
vn ciel femé d'eftoiles, & de fleurs de
lys, auec quelques infcriptions de *viue
le Roy, & viue Louys,* au milieu s'eleuoit
vne colomne entre vn coq & vn Lion,
& comme dans Rome on auoit dreſsé
vne colomne bellique , d'où l'on auoit
coûtume de lancer vne jaueline vers le

païs à qui on declaroit la guerre ; celle cy eſtoit vne colomne de paix , & la décharge de ſix partemens de fuſées termina toute la montre de cette machine , qui fut expoſée deux ſoirs auec le meſme artifice.

Deſſeins des feux particuliers.

Meſſieurs les Comtes de S. Iean, qui paroiſſent des plus zelez , en tout ce qui regarde la gloire de noſtre Monarque , dreſſerent en leur place vn Portique à quatre faces, & le ſujet de cette Machine eſtoit la paix conceuë dans Lyon, auſſi voyoit on dans chacune de ces faces la paix aſſiſe entre des Lions qu'elle ſembloit couronner d'vn rameau d'oliue, tandisque des Soldats deſarmez, & poſez ſur les angles de la Machine témoignoient leur douleur de ſe voir ſans occupation, cependant la renommée qui eſtoit poſée au plus haut de ce Portique enfloit toutes ſes trompettes pour annoncer le repos aux peuples, & ce vers apprenoit à tout le monde que noſtre Monarque victorieux ne penſe plus qu'à la paix.

Hoſtibus edomitis lauris annectit oliuam.

Comme

Comme ie ne puis pas m'attacher à
vn ordre reglé dans la suite des desseins
que ie décriray , ne voulant oster à
personne le rang qui luy est dû , ie vous
donne icy celuy · de tous nos pennonages, & de leurs Officiers selon l'ancien-
neté des Capitaines, ne gardant en suite aucun ordre dans la description de
nos feux.

Noms & qualitez de Messieurs les Capi-
taines Penons, Lieutenants & Enseignes
de la Ville, de Lyon , selon le
rang de leurs receptions.

I.

Au quartier du Plastre S. Esprit , M.
Gaspar de Monconis , Seigneur de
Liergues & Poüilly, Conseillier du Roy
en ses Conseils, & son Lieutenant ge-
neral criminel en la Senechaussée &
Siege Presidial de Lyon , Capitaine
Penon, M. Gaspard Geneuie Lieute-
nant, M. Claude de Bely Enseigne.

II.

Au quartier de Pierre Scize , M. Ce-
zar Beraud Conseiller du Roy , Rece-
ueur general , & payeur des rentes de
l'Hostel de Ville de Lyon, Capitaine
Penon,

Penon, M. Iean Troüilleu dit la Ro-
chette Lieutenant, M. Claude Riuoi-
ron Enseigne.

III.

Au quartier S. Iust , Noble Louys
Chapuis , Iuge de l'Archeuefché &
Comte de Lyon , Capitaine Penon,
Noble Matthieu Duxio Aduocat en
Parlement, Conseillier du Roy, Eslû en
l'Eslection de Lyon Lieutenant, Noble
Maurice d'Arlery Aduocat en Par-
lement, Iuge ciuil & criminel du Mar-
quizat de Miribert en Bresse Enseigne.

IV.

La Grenette , M. Claude Morand
Capitaine Penon , M. Antoine Mo-
rand Lieutenant , M. Benoist Coste
Enseigne.

V.

Le Change, M. Camille Demerle,
Seigneur de Gregny , Conseillier du
Roy , & Treforier general de France
en la generalité de Lyonnois , Forefts,
& Baujolois , Capitaine Penon , M.
Louys Desprez, Lieutenant ; M. Iean
Philibert, Enseigne.

VI.

Porte Froc , M. Pierre de Seue, Baron

ron de Flecheres, de Sainct André du
Coing,& Limones, Villette & Grelon-
ge, Conseillier du Roy en ses Conseils
d'Estat & Priué, President & Lieutenant General en la Senechaussée, &
Siege Presidial de Lyon, Capitaine Penon. M. Iustinian Croppet Escuyer,
Seigneur d'Herigny & De Varissan,
Conseiller du Roy, Maistre des portes,
ponts, & passages de l'ancien gouuernement de Lyonnois Lieutenant ; M.
Philibert Depoisat,Procureur és Cours
de Lyon, Enseigne.

V I I.

Ruë de Flandre,M. Fançois Tremel
Capitaine Penon;Noble Iean de Seue,
Intendant de la Doüanne pour Mes-
sieurs de la Ville de Lyon , Lieutenant;
Noble Antoine Roland, Enseigne.

V I I I.

Ruë Tramassac, M. Hugues de Po-
mey,Seigneur de Rochefort les Sauua-
ges & Rancé , Conseiller du Roy en ses
Conseils, Preuost des Marchands; No-
ble François Demeaux, Seigneur de
Charnaux , Conseiller du Roy en la
Senechaussée & Siege Presidial de
Lyon,Lieutenant;M. André Perrodon
Notaire

Notaire Royal, & Procureur en la
Cour de Lyon, Enſeigne.

IX.

La ruë Merciere, M. Iean Teuenet
Bourgeois, Capitaine Penon ; M. An-
toine Richard, Lieutenant ; M. Claude
Liuet, Enſeigne.

X.

Au Quartier de Confort, M. Irenée
Barlet Bourgeois, Capitaine Penon,
M. Antoine Iuillieron, Lieutenant ; M.
Eſtienne Satin, Enſeigne.

XI.

La grand ruë, M. Antoine Debriou-
de, Capitaine Penon ; M. Iean Bàptiſte
Tioly, Lieutenant ; M. Pierre Fillon,
Enſeigne.

XII.

Ruë Tomaſſin, Claude Cheruin dit
Riuiere Bourgeois, Capitaine Penon ;
Laurent Aniſſon, Lieutenant ; Eſtienne
Cheruin, Enſeigne.

XIII.

Au Quartier de la Boucherie S. Paul,
M. Gabriel Puilata, Capitaine Penon ;
Antoine Rongeat, Lieutenant ; M.
Pierre Deruieu, Enſeigne.

XIV.

XIV.

Bourchanin & Bellecourt, M. Guillaume de Seue , Seigneur de Laual, Conseiller au Conseil de son Altesse Royale , & premier President au Parlement de Dombes , seant à Lyon, Capitaine Penon ; M. Louys Simple, Lieutenant ; M. Humbert de Rilieu, Bourgeois, Enseigne.

XV.

Puits du Sel, Noble Guillaume de Sarde Conseillier & Tresorier general en la Generalité de Lyon ; Capitaine Penon ; M. Louys Dubost, Lieutenant; M. Ioseph Chomery, Enseigne.

XVI.

Quartiers des Cordeliers , Noble Hierosme Murat Escuyer , Seigneur Dexpanier & Demontferrant, Capitaine, Penon ; M. Barthelemy Violette, Lieutenant ; M. Corneille Hugonin, Enseigne.

XVII.

Place S. Nizier , Noble Louys Decoton , Capitaine Penon ; M. Estienne Dumas, Lieutenant ; Noble Charles Perrin, Enseigne.

XVIII.

Au Quartier S. George , Noble

Baptiste Farjot, Seigneur de S.Hilaire, Conseiller , & maistre d'Hostel ordinaire du Roy Capitaine Penon. M.Iean Baptiste Isaac, Lieutenant: M. Glatoud Procureur és Cours de Lyon , Eenseigne.   XIX.

Au Quartier de la Fontaine S.Marcel , M. Gaspard Grolier Aduocat , & Procureur general de la Ville , Capitaine Penon : M. Matthieu de Conte, Lieutenant : M.Iacque Maton, Enseigne.   XX.

Ruë de la Lanterne , M.Rodolphe Cerise Capitaine Penon : M.Iean Baptiste Fresse , Lieutenant : M. Claude Gros, Enseigne.

XXI.

La ruë Paradis , M.Iean Vidaut Seigneur de la Tour , Conseillier du Roy en tous ses Conseils , son Procureur en la Senechaussée & Siege Presidial , Conseruations, Mareschaussées & autres Iurisdictions Royales de la Ville de Lyon, Capitaine Penon : M.Abraham Pause Bourgeois, Lieutenant: M. Estienne Flandrin, Enseigne.

XXI.

Au Quartier de la Iuifverie , Noble Barthelemy

Barthelemy Guefton , Sieur de la Buif-
fieres & de la Duchere , Confeiller du
Roy,& Treforier de France en la generalité de Lyon , Capitaine Penon ; Noble Iean Mercier Confeiller du Roy,
& Treforier general en la generalité de
Lyon,Lieutenant:M.François Stouppa
Docteur és droicts, Enquefteur, Com-
miffaire,Examinateur en la Senechauffée & Siege Prefidial de Lyon , Enfeigne.   XXIII.

Bourg neuf,Noble Louys Guerin,Of-
ficier de la Monnoye Capitaine Penon:
M. Madinier , Lieutenant : M. Louys
Buffiere , Enfeigne.

XXIV.

Au Quartier de ruë Neufve , Noble
François Raton , Capitaine Penon :
Noble Pierre Malet,Confeillier de fon
Alteffe Royale & fon Aduocat gene-
ral au Parlement de Dombes , Lieute-
nant : M. Pierre Giron, Enfeigne.

XXV.

Quartier du Griffon , Noble Pierre
Cochardet , Treforier de France en
la generalité de Lyon , Capitaine Penon : M. François Sparron , Lieutenant : M.Claude Teuenard, Enfeigne,

XXVI.

Le port du Temple , Noble Barthe=
lemy Ferrus, Conſeillier du Roy, Con=
troleur des rentes Prouinciales en la
generalité de Moulins , Eſcheuin de
la ville & Communauté de Lyon,
Capitaine Penon : M. Claude Dufour
Bourgeois , Lieutenant : M. Charles
Bailly , Enſeigne.

XXVII.

Port S. Paul , M. Claude Madiere,
Capitaine Penon:M.Antoine Michon,
Lieutenant : M. Camille Couppé , Sei=
gneur de la Genettiere Enſeigne.

XXVIII.

L'herberie , Noble Matthieu Ferrus,
Capitaine Penon : M. Iacque Bellet,
Lieutenant: M.Romans Thomé , En=
ſeigne.

XXIX.

Coſte S. Sebaſtien , M. Iacques Pil=
lheote Eſcuyer, Seigneur de la Pape &
Meſſimy , Conſeillier du Roy en la Senechauſſée & Siege Preſidial de Lyon,
& ſon Garde des Seaux audit Preſidial,
& Maiſtre des Requeſtes au Parlement
de Dombes, Capitaine Penon:Claude
Bonet, Lieutenant : M. Iean Tramard,
Enſeigne.

XXX.

Quartier S. Pierre, Noble Louys de Bais, Capitaine Penon : M. Guillaume Perier , Lieutenant : M. Barthelemy Blauf, Enseigne.

XXXI.

Quartier S. Vincent, M· François de Baglion Cheualier , Seigneur de Saillan , Baron de Ions , Comte de la Sale, Capitaine Lieutenant de la Compagnie d'Ordonnance de M. le Comte de Monreuel, Capitaine Penon : M. Enemon Maurice, Lieutenant: M. Antoine Depoge, Enseigne.

XXXII.

Puits de la Croisette , M. Marc-Antoine du Sauzey, Seigneur de Iarnoffé, Varennes , la Molliere, &c. Conseillier du Roy , Lieutenant Particulier en la Senechauffée & Siege Presidial, Capitaine Penon : M. Iacques Ofray , Lieutenant : M. Odinet Ducoin, Enseigne.

XXXIII.

La haute Grenette , M. Pierre Vernay, Capitaine Penon : M. Iean Bertrand, Lieutenant : M. Claude Huuet. Enseigne.   XXXIV.

Ruë trois Maries, Messire Gabriel

de Bufillet, Seigneur de Meffimieu lez
Anfce, Cheualier de l'Ordre du Roy,
Confeiller au Confeil de fon Alteffe
Royale, & Cheualier d'honneur en la
Cour de Parlement de Dombes : M.
Iean Ferdinand Bullioud Efcuyer, Sei-
gneur de Coiffieu, Lieutenant: M. Iean
Baptifte Fayard, Enfeigne.

XXXV.

Quartier de Gourguillon, Noble
Hierofme Chauffe Efcuyer, Capitaine
Penon : M. Iean Deliceffons, Lieutenant : Noble Iean Baptifte de Chare-
fieu, Sieur de Charpilliet, Enfeigne.

XXXVI.

Boucherie de l'Hofpital, M. Girar-
don, Capitaine Penon : M. Iean Pou-
chat ; Lieutenant : M. Michel Vauber-
trand, Enfeigne.

XXXVII.

Groflée, & Bon-rencontre, M. Iean
André Bourdin, Capitaine Penon : M.
Claude Durant, Lieutenant: M. Michel
Charuin, Enfeigne.

XXXVIII.

La Pefcherie, M. Iean Guerrie, Lieutenant, M. Antoine de la Foreft, En-
fegine.

Le Quartier de ruë Tramaſſac.

Onſieur le Preuoſt des Marchands ne ſe contentant pas
d'auoir donné des marques
publiques de ſon zele pour la gloire de
noſtre Monarque, dans toutes les ceremonies de ſa charge en voulut encore
donner de priuées, & comme Capitaine d'vn Quartier faire vne deſpenſe
particuliere, qui a ſeruy d'exemple à
tous ceux qui ſont dans la meſme charge. Le ſujet qu'il choiſit pour ce deſſein
eſtoit propre de ſon Quartier qui porte
le nom de ruë du Bœuf, à cauſe d'vne
image de pierre de cet animal poſée
ſur l'angle d'vne maiſon qui fait le coin
de la place d'armes de ce quartier. Le
quatrieſme liure des Georgiques de
Virgile luy fournit l'argument de la
machine dont voicy la deſcription tirée de ce Poëte.

Le Berger Ariſtée ayant perdu ſes
abeilles, qui faiſoient preſque ſon vni-
que reuenu, ſortit de la Theſſalie pour
faire ſes plaintes à Cyrene ſa mere, qui

eſtoit nymphe des eaux & qui habitoit
à la ſource du Penée:ſes larmes auoiēt
déja troublé les eaux pures de cette
ſource, & ſes gemiſſemens eſtoient ar-
riuez aux oreilles des Nymphes,quand
Arethuſe ſortit pour apprendre la cauſe de ce trouble; elle reconnut auſſi toſt
Ariſtée, & ayant aduerty Cyrene ſa
Sœur de la triſteſſe & des larmes de ſon
fils, elle l'introduiſit dans ce Palais de
chryſtal, ou il témoigna à ſa mere le
deplaiſir qu'il reſſentoit de la perte
qu'il auoit faite en vn temps ou elle
l'auoit flatté de l'amour des dieux, &
de l'eſperance de l'eſperance de l'im-
mortalité, elle eſſuya ſes larmes, & le
conduiſant ſous les eaux luy fit voir
l'antre ou Protée auoit coûtume de re-
poſer durant les chaleurs de midy, luy
cōmandant de ſe tenir caché juſqu'à ce
que ce Dieu fut endormy, & de le lier
durant ſon ſommeil pour l'obliger à luy
dire la cauſe de la colere des Dieux. Il
executa ſoigneuſement les ordres que
ſa mere luy auoit donnez, & tenant
Protée ne le laſcha point qu'il n'euſt
ſceu de luy que c'eſtoit Orphée, qui
auoit cauſé ce deſordre pour ſe venger
de

de la mort de sa femme Eurydice qui
auoit esté morduë d'vn serpent en
fuyant ce berger, & qu'il ne restoit aucun moyen d'appaiser les Dieux irritez
qu'en leur offrant des sacrifices. Aristée
ayant rendu la liberté à son captif, retourne en son païs, & prenant les plus
beaux bœufs de son troupeau les im-
mola aux manes d'Orphée & d'Eurydice, qu'il vouloit appaiser. Au neuf-
viéfme iour de son sacrifice, allant voir
les restes de ses victimes ; il vit des
effains d'abeilles, qui sortoient des en-
trailles de ses bœufs, & qui s'allerent
attacher à vn arbre.

Hic verò subitum, ac dictu mirabile, monstra
Aspiciunt : liquefacta boum per viscera toto
Stridere apes vtero, & ruptis effruere costis
Construere, & lentis vuam demittere ramis.

Cette representation estoit éleuée sur
vn portique quarré, qui luy seruoit de
base. Au dessus Aristée estoit representé deuant vn Autel antique, au pied
duquel estoit estendu vn bœuf dont
sortoit quantité d'abeilles qui s'atta-
choient à vn arbre.

Les personnes intelligentes connu=

rent d'abord le fens de cette fable, &
virent que ce berger eftoit le fymbole
de monfieur le Preuoft des Marchands.
Il y a long-temps que les troupeaux reprefentent les peuples, & les Pafteurs,
ceux qui en ont la conduite. Nous
trouuons mefme dans l'hiftoire, que
les premiers Rois de l'Egypte & de la
Iudée furent pris entre les bergers,
comme Cyrus fut éléué parmy eux
pour apprendre à gouuerner.

Le bœuf eftendu reprefentoit la
foumiffion de ce Quartier, qui eft touf-
jours preft de facrifier fa vie pour fon
Souuerain, fous les ordres de fon Capitaine. L'effaim d'abeilles eftoit le fymbole de ce Pennonage. En effet qui le
pourroit mieux reprefenter que ces
trouppes armées, d'éguillons pour leur
defenfe & pour le feruice de leur Roy.
L'application en eftoit faite par deux
deuifes dont l'vne eftoit conceüe en ces
termes, *Nafcimur obfequio Regis.* Nous
naiffons pour feruir le Roy. L'autre en
ceux-cy *& Regi & fuperis.* Tout le trauail de ces ouurieres, innocentes ne
tend qu'à honorer Dieu fur fes Autels
par la cire qu'elles forment, & qu'à

feruir

feruir leur Roy, qu'elles n'abandõnent
iamais. L'arbre eſtoit encore le ſymbole de M. le Preuoſt des Marchands, qui
en a vn dans ſes armes, & qui tient ſous
ſa protection tout ſon quartier repre-
ſenté par l'eſſaim.

Le Quartier du Change.

L E deſſein eſtoit les douceurs de la
Paix, repreſentées par des fleurs
& des fruicts, qui faiſoient vn trophée,
ſur lequel elle eſtoit aſſiſe, ayant à ſes
pieds des armes rompuës auec ces vers.
*Dum languent hoſtes, Pax Imperat, otia
regnant.*

Le quartier des trois Maries.

L A Machine eſtoit vne haute pyramide ſurmontée d'vne colombe
qui portoit le rameau d'oliue, & poſée
ſur vne baſe auſſi triangulaire ou
eſtoient repreſentées trois Deeſſes,
Flora, Ceres, & Minerue, pour apprendre que la Paix eſt agreable, vtile &
honneſte,

honnefte, auffi femble-il que ces trois
diuinitez font les plus intereffées aux
foins de la Paix, qui conferue les beautez de la campagne, qui multiplie la
recolte, & qui fait fleurir les arts.

Le Quartier de Gourguillon.

DEux genies, qui fe donnoient la
main fur vn cœur reprefentoiẽt
l'alliance de France & d'Efpagne, qui
a efté caufe de la Paix, auec ces deux
vers.

L'Alliance & la Paix entre ces deux grands Rois,
Nous obligent d'vnir & nos cœurs ; & nos voix.
    Et ces trois actes Latins.
Cœleftes genita nunc rapta refumite fceptra,
Mortales etiam belli deponite curas.
Quæ Mars expulerat Pax exoptata reducit.

Le Quartier de Porte Froc.

CE feu dont l'artifice ne ceda en
rien à tous les autres, pour la di-
uerfité & le nombre de fes departe-

mens reprefentoit vn dome, femblable
áux lanternes des Temples antiques,
auffi eftoit ce le dome du Temple de
Paix. Il eftoit pofé en la place de Flecheres, à qui la maifon du Capitaine
Penon à donné le nom.

Le Quartier de la Boucherie S. Paul.

MArs eftoit enchaifné par des
amours, tandis que quatre autres rompoient des armes fur les quatre faces du portique, qui feruoit de
bafe à cette reprefentation.

Le Quartier de la Iuifverie.

LA difcorde reprefentée auec fes
cheueux de ferpens, fe rongeoit
le cœur de dépit, de voir les armes
brifées & inutiles auec cette infcription.

Inflammor quia inflammare non potui.

Le *Quartier de rue de Flandres*.

LA machine estoit dressée deuant la Doane, & representoit vne Bellonne enchaisnée entre deux colomnes semblables à celles d'Hercule, l'vne desquelles estoit semée de fleurs de lys, & l'autre de Chasteaux & de lyons, on lisoit sur le bouclier de cette Deesse de la guerre *Non vltra*, & sur les deux faces de la base de la machine ces huict vers Latins.

Iam satis armorum est, tandem Bellona feroces
  Pone animòs, nam te vincula sola manent.
Non aliud post-hac quatiet tua dextera ferrum,
  Herculis & gemini tu patiere iugum.

X.

Non vltrà sænire licet, Mars impius orbe
  Exulat, & festis nunc micat Æthra focis.
Martius ergo olim fuerit dum bella vigerent:
  Hic alio mensis nomine Pacis erit.

Le Quartier du port S.Paul.

LA Machine de ce quartier fut d'vn artifice particulier, car elle fut en partie conseruée, & en partie brûlée. Elle representoit le triomphe de la paix, dont la figure estoit esleuée sur vne haute base quarrée, mais cette Deesse estoit enueloppée de la representation d'vne furie, qui ayant esté consumée par les flâmes fit paroistre cette paix desirée si long-temps. L'inscription faisoit allusion à ce changement.

PHOENICEM NOVVM
LVGDVNVM SVSPICE
E BELLI CINERE PAX NASCITVR.

Sur vne des faces de la base estoit representé vn Mars sacrifié sur l'Autel de la paix auec cette deuise.

PRIMA HÆC CADAT HOSTIA PACI.

Sur la seconde, deux mains iointes qui tenoient vn caducée.

COEVNT IN FOEDERA DEXTRÆ.

Sur le troisiéme vn fracas d'armes.

CEDANT ARMA ROGISCEDAT DISCORDIA PACI.

Sur

Sur la quatriéme, vn petit amour
qui enchaiſnoit des cœurs.

PARANTVR MVNERA PACI.

La premiere & la troiſiéme face furent ſeulement brûlées, les deux autres ſubſiſterent.

Quartier du grenier à Sel.

LE feu de ce quartier n'auoit pour
ornement que les armes du Roy
& de la Ville.

Quartier S. George.

LA figure de cette machine eſtoit
triangulaire, & monſtroit trois faces, où eſtoient repreſentées trois cho-
ſes oppoſées, ou plutoſt la victoire de la
Paix, de l'amour, & du calme ſur leurs
ennemies.

En la premiere face la paix triomphoit de la guerre, & inuitoit les peuples à la ioye par ces vers.

O peuple d'ennuis abbatu,
Quitte la crainte & la triſteſſe,

                  Et

Et que l'air ne soit plus battu,
Que du bruit des canons, & des cris d'allegresse.

En la seconde face l'amour triomphoit de la haine, & applaudissoit à
nostre Monarque pacifique victorieux
de tous les cœurs.

Enfin le Phenix des vainqueurs
A rendu toutes choses calmes,
Et triomphe d'autant de cœurs,
Qu'il a iamais cueilly de lauriers & de palmes.

En la troisiéme face le calme triomphoit de la tempeste. L'inscription inuitoit tous les citoyens à témoigner
leurs reconnoissances à leur liberateur.

Ce Monarque dont la clemence
Soumet tout le monde à sa Loy
Merite pour reconnoissance,
Que nous disions cent fois viue, viue le Roy.

Le costé de S. Nizier ne voulut point
ceder en magnificence à celuy de S.
Iean, & le Mardy 23. fut le iour assigné
aux vingt-quatre pennonages, qui le
composent.

Le

Quartier de la fontaine S. Marcel.

LA place des Terreaux fut le lieu deſtiné à ſon feu d'artifice qu'on plaça deuant l'Hoſtel de Ville, le ſujet eſtoit le ſiecle d'or, victorieux du ſiecle de fer. La machine repreſentoit vne grande voute de rocaille, ſemblable aux antres, qu'habiterent les premiers hommes dans ces temps bien-heureux, que l'hiſtoire & la fable nous ont décrits. Le ſiecle de fer renuersé ſur le haut de ces rochers, qui luy ouuroient vn precipice ſeruoit de trophée au ſiecle d'or couronné d'eſtoiles, & ſoutenant vne corne d'abondances, d'où ſortoient des pieces d'or pour alluſion aux armes de la famille des Groliers qui porte d'azur à trois bezans d'or rangez en faſces & ſommez, d'autant d'eſtoiles d'argent rangées de meſme. Vne grande ruche, ſur laquelle le ſiecle d'or eſtoit eleué, repreſentoit non ſeulement la douceur des premiers temps par le miel, qui en fait le ſymbole; mais encore la conduite d'vne Ville & d'vne

Commu

Q. de la fontaine S. Marcel

Communauté bien reglée à l'exemple des abeilles. Vne inscription Latine inuitoit les Alchimistes à venir apprendre de la Paix le secret de faire de l'or, elle estoit conceuë en ces termes.

HVC ACCEDITE CINIFLONES
VBI MIRACVLORVM ARTIFEX IGNIS
VERAM EDOCET CHRYSOPOEIAM,
DVM SOECVLVM FERREVM MVTAT IN
AVREVM.

Le Quartier S. Vincent.

CE quartier qui se trouue en l'vne des extremitez de la ville auoit dressé vne machine quarrée, garnie d'vn bel artifice, auec cette inscription. IGNIS ISTE EST SYMBOLVM PACIS. On dressa des tentes le long du pont de bois, sous lesquelles furent placées des tables pour tous ceux du quartier, qui souperent sous les armes, en réjoüissance de la Paix.

Quartier de la Lanterne.

LE ſujet eſtoit le Tombeau de Mars ſur lequel l'Amour victorieux dreſſoit vn trophée. On voyoit ce Tombeau éleué au milieu d'vne baluſtrade en quarré, il eſtoit fait à l'antique & ſeruoit de baſe à vn petit amour armé de ſa trouſſe & de ſon arc, qui apres auoir dreſſé ſur vn ceriſier vn trophée des armes de ſon aduerſaire vaincu, écriuoit de la pointe d'vn trait ſur le bouclier *Mars tandem ceſſit Amori.* Le ceriſier faiſoit alluſion à M. Ceriſe Capitaine de ce quartier. L'inſcription eſtoit ſur le tombeau en forme d'Epitaphe.

D.   M.

AD MARTIS INFERIAS
AFFERTE CIVES RISVS NON LACHRIMAS
NIHIL OPVS HVIC BVSTO PRÆFICIS,
POSTQVAM VIVENTI FLETVVM DEDIMVS PLVSQVAM SATIS
INIVSTO NVMINI IVSTA NE SOLVITE,
NEC PARENTALIA FACITE PARRICIDÆ,
IGNIS RELIQVIAS VINO RESPERGITE
DVM NON ALIÆ EX HOC CINERE ELAMMÆ IMICANT
QVAM FESTIVÆ.

Quartier

Quartier du Plastre S. Esprit.

MOnsieur le Lieutenant criminel Capitaine de ce quartier choisit pour sujet la Paix du monde entretenuë par l'accord des elemens. L'Amour posé sur vn grand piedestal, tenoit des deux mains les quatre elemens, posez sur les angles de ce mesme piedestal, & vnissoit de la droite le feu & la terre qui sont symboliques en secheresse & en chaleur, & de la gauche l'air & l'eau qui sont symboliques en froid & en humidité. Ce vers du premier liure des Metamorphoses d'Ouide peint tout autour de la frise, expliquoit tout le sujet.

DISSOCIATA LOCIS CONCORDI PACE LIGAVIT.

Le feu estoit vestu de couleur rouge semé d'estincelles auec vne couronne de flâmes & vne Salemandre à ses pieds.

L'air de bleu celeste semé de foudres, & d'arcenciels, couronné d'estoiles, auec vn aigle à ses pieds.

L'eau de verd de Mer femé de poiffons, courõnée de ioncs & de glayeulx,
vn Dauphin à fes pieds.

La terre de verd gay femé de fleurs,
couronnée de tours, vn lion à fes pieds:
dans deux des faces de la bafe eftoient
peints deux emblemes : d'vn cofté
Mars, qui remettoit fon efpée dans le
fourreau, de l'autre des Soldats qui faifoient des faiffeaux de piques, d'autres
qui portoient des moufquets, & qui
rouloient des canons dans vn Arfenal,
dans les deux autres faces eftoient les
infcriptions fuiuantes.

Les elemens, qui font la gloire
Du ieune Monarque des lys
De tous nos maux enfeuelis,
Luy font vne éclatante hiftoire.

Apres vne fanglante guerre,
Ils promettent à nos vainqueurs
L'Augufte triomphe des cœurs
Et la paix de toute la terre.

L'artifice eftoit compofé de dix douzaines de fufées, dix douzaines de fer-
penteaux, auec leurs pots & lances à
feu, fix douzaines de lances à feu, quatre douzaines de fauciffons & deux
                                    douzaines

Q. S. Pierre
Fol. 63

douzaines de girandoles , la petitesse
du lieu où la machine estoit dressée
n'ayant pû souffrir vn plus grand artifice.

Le quartier S. Pierre.

CE quartier choisit pour sujet Hercule qui terrassoit l'hydre ; on
voyoit cét Heros vestu de sa peau de
lion & armé de sa masse ; dont il abba-
toit les testes de ce monstre ; qui representoit la guerre. La premiere inscription tirée d'vn vers de Seneque,
s'appliquoit à la peau de lion, & faisoit
allusion aux victoires, que Sa Majesté
a remportées en Flandres.

———————————*Pro spoliis gerit*
Quæ timuit & quæ fudit.

La seconde temoignoit la ioye que
reçoiuent nos Citoyens ; de voir la
guerre terrassée par nostre Hercule.

EXTINCTA TANDEM BELLORVM HYDRA EST.
ET CÆSORVM CAPITVM RELIQVIAS
FESTIVIS VRIMVS IGNIBVS.
ALCIDI NOSTRO
VICTORI SEMPER NVNCQVE PACIFICO

DVM TORMENTIS MILLE PLAVDITVR,
LÆTITIÆ VOCIBVS
PACEM REDDITAM GRATVLAMVR.

Le Quartier S. Niſier.

LA Machine eſtoit de forme quarrée & ſes quatre diuerſes faces
mõtroient en quatre emblemes les
auantages de la Paix.

Au premier on voyoit la Paix, qui
fouloit aux pieds vn dragon, & ſe montroit ſous cét embleme victorieuſe de
la rebellion auec cette inſcription.

CALCANS ILLÆSA DRACONEM.

Et ces quatre vers.

Le dragon abbatu ſous la paix triomphante,
 Dans ſon plus pompeux appareil,
Nous mõtre les beaux iours que doit faire l'Infante
 Quand cette belle Aurore aura ioint ſon Soleil.

Au ſecond la paix triomphoit de
Mars, & de Bellonne, auec cette inſcription.

VICTORVM VICTRIX.

Et ces vers.

La paix à vaincu l'inuincible,
Elle porte en ſes mains des marques de valeur,
Pour rendre apres nos maux le plaiſir plus ſenſible
           Elle

Q. S. Nizier
Fol. 64

Elle le porte iufqu'au cœur.

Au troifiéme la paix receuoit les vœux des peuples auec cette infcriptiõ:

VOTORVM METÁ.

Et ce quatrain.

La paix calme par fa prefence
Les rigueurs dont la guerre auoit percé nos cœurs,
Et paroiffant apres vne fafcheufe abfente,
Elle termine enfin & nos vœux & nos pleurs.

Au quatriéme la paix faifoit tomber des richeffes d'vne corne d'abondance, & l'infcription eftoit.

SVNT MVNERA PACIS.

Elle eftoit accompagnée de ces vers.

L'abondance de toutes chofes
Dont la paix caufera nos plus iuftes plaifirs,
  Contentera tous nos defirs,
Et changera nos maux en des moiffons de rofes.

***

Quartier de l'Herberie.

V Ne pyramide en triangle, pofée fur vn portique auffi quarré, portoit en haut vn cafque renuersé, & en bas trois Soldats endormis fur des armes entaffées en defordre, auec cette infcription.

DELICIÆ REGNANT
DIEM REGNAT PAX.

Quartier de la Croisette.

LA Paix desarmoit Mars, & luy ostoit le moyen de troubler le monde, ce Dieu de la güerre en témoignoit son deplaisir par ces vers.

La Paix triomphe de mes armes,
Le Ciel rit en vostre faueur
Et se mocquant de mes allarmes
Donne place à vostre bon-heur.

Vn autre vers Latin apprenoit que c'estoit iustement que l'on condamnoit au feu celuy qui estoit la cause de tous nos desordres, & l'on obligeoit le criminel d'auoüer publiquement ses crimes, par ces vers.

EXPIO NVNC FLAMMIS QVÆ FECI
CRIMINA BELLO.

Le Quartier de ruë Merciere.

CE quartier auoit pris son dessein de l'histoire d'Alexandre; la Machine

chine estoit vn piedestal quarré, sur lequel estoit posée la figure d'Alexandre coupant le nœud Gordien, pour accomplir l'oracle, qui promettoit l'Empire du monde à quiconque le deslieroit; Ce Prince n'en ayant pû venir à bout tira son espée, & disant qu'il n'importoit rien de le dénoüer ou de le couper, le trancha d'vn seul coup, & accomplit ou eluda l'oracle par cette action; Les vers qui accompagnoient cette figure en faisoient l'application à sa Majesté.

Enfin le nœud fatal des fieres destinées
  Cede au grand Monarque des Lys;
La guerre tient en vain les fureurs dechainées
Sur les restes fumans des Autels demolis.

Vn Roy plus genereux que ne fut Alexandre,
  Trauaille pour nostre repos;
Et fait germer l'oliue au milieu de la cendre
Des lauriers qu'ont cueillis cents illustres Heros

Il s'ouure par ce coup à l'Empire du monde
  Vn grand & superbe chemin,
Et nous verrons vn iour sur la terre & sur l'onde
Les Lys plus estendus, que l'Empire Romain.

Tandis que de cent feux nous portons iuſqu'au nuës
  La gloire de ſes actions:
Nos voix, que le reſpect à long-temps retenuës,
Depoſent pour nos cœurs de nos affections.

Ce nœud fait en forme de frondes entrelaſſées, montroit auſſi que Sa Majeſté auoit triomphé des guerres ciuiles du Royaume diuiſé par les frondeurs durant ſa minorité.

❦❦❦❦❦ ❧ ❦❦❦❦❦

Quartier du Port du Temple.

LE quartier du port du Temple commandé par M. Ferrus Eſchéuin, eſt celuy qui ſe preſente d'abord apres celuy de ruë Merciere; La Machine qui eſtoit vne des plus belles repreſentoit le fort de la contrarieté, veſtuë d'vn habit party de blanc & de noir, qui ſont les couleurs les plus oppoſées; elle portoit de la droite du feu, & de la gauche de l'eau, qui ſont les deux elemens ennemis. Le feu eut l'auantage en cette occaſion, & détruiſant la contrarieté, il apprit qu'il eſt depuis long-temps le maiſtre des vnions, & l'interprete de la ioye, auſſi

les

les deux infcriptions inuitoient tout le
monde à la reconciliation, & à la paix
en vn temps où deux peuples ennemis
fe reconcilient.

PRIVATA PONITE DISSIDIA
VBI IAM ORBIS PACE COMPOSITVS
DISSIDIA PVBLICA DAMNAT INCENDIIS.
FESTIVVS IGNIS FERRVM EMOLLIAT,
ET FLAMMARVM OPE
DISSIDENTIA CORDA COMPAGINET.

II.

ABSTINETE CIVES A LACRYMIS:
NIHIL OPVS NVNC BVSTO PRÆFICIS,
VBI MARS EXTINCTVS
MORTES IPSAS EXTINGVIT MORTVVS.

Les deux roües reprefentoient celle
de la Fortune, & celle de l'inconftance,
qui font les caufes de tous le defordre
du monde.

Quartier du Bourchanin.

CE quartier auoit dreffé en Bellecour vne efpece d'arc de triomphe confacré à la Paix : vne grande
corne d'abondance en faifoit le couronnement, & ce verfet du Cantique

de Zacharie estoit peint en gros cara=
res sur vne cartouche.

ET EREXIT CORNV SALVTIS IN
DOMO DAVID PVERI SVI.

Quartier de Paradis.

VNe grande renommée auec les
ornemens, que les Poëtes ont
coûtume de luy donner estoit eleuée
sur vne haute base. L'echarpe de sa
trompette portoit pour deuise.

SILETE TANDEM MARTIS INFAVSTI TVBÆ;
PACIS TRIVMPHOS INSONAT FAMÆ TVBA.

On voyoit à ses pieds des armes en-
tassées qu'elle fouloit pour signifier
que ce ne sont plus les armes qui font
la reputation des Heros, & la couronne d'oliuier qu'elle tenoit en main, inuitoit les conquerans à quitter leurs
lauriers pour receuoir cette guirlande,
elle expliquoit son dessein en ses vers.

Le laurier ne fait plus de fruict,
Et c'est par le repos qu'à la gloire on arriue.
Les trauaux des guerriers ne fôt qu'vn peu de bruit
Si leurs vaillantes mains ne cultiuent l'oliue.
Et la paix qui suit les combats,
Au Temple de l'honneur mene du premier pas.

Quartier de l'Hospital.

LE dessein estoit le Temple de Mars de forme quarrée auec tous ses ornemens ; les vrnes des Heros , qui ont finy leurs vies dans les combats y tenoient lieu de vases fumans : quatre inscriptions ornoient ses quatre faces.

I.

MARTIS ARA
GENTIVM OMNIVM IMBVTA SANGVINE
OPTATÆ PACIS
PRIMA EST VICTIMA.

II.

HÆC FVGE LIMINA
QVISQVIS CVPITÆ PACIS AMICVS ES,
DIRIS DEVOVE MALORVM OMNIVM CAVSAM,
EX EXTINCTO MARTI MALA VERBA REPENDE.

III.

MINERVÆ ARAM
ITERVM LVGDVNVM INSTRVE
ET LVDOVICI LAVRIS OLEAM INSERE,
DVM MARTIS FANVM PACE DIRVITVR
ET EXTINCTA BELLONÆ FACE INCENDITVR.

IV.

Celle-cy s'appliquoit aux vrnes des Heros.

E' BELLORVM INCENDIIS
SVPERSTES HIC HEROVM CINIS
FESTIVIS PACIS ACCEDIT IGNIBVS
SVOQVE PARENTAT NVMINI
RESIDVVS MANIVM VIGOR.

Quartier de la haute Grenette.

CE quartier fit vne deſpenſe magnifique, & dreſſa vne Machine
auſſi belle, & autant bien garnie d'artifice qu'on la pouuoit ſouhaiter, elle
eſtoit de vingt ſix pieds de haut, d'vne
figure quarré ouuerte en portique, au
milieu de laquelle s'éleuoit vne baſe
quarrée qui portoit vn grand lion, le
deſſus du portique finiſſoit en dome, &
ſeruoit de baſe à l'image de la paix de
ſept pieds de haut : cette Machine repreſentoit le repos de Lyon dans la
paix, & ces vers ſeruoient à expliquer
le deſſein.

Quo potis eſt animo Leo ludere Gallicus iĉtus
Hoſtiles, pacem intrepidus tutatur eodem.

L'artifice fut merueilleuſement
beau, le lion fit cinq décharges de
fuſées par terre & de ſerpenteaux : tout

le

le portique fut éclairé de lances à feu,
& le bruit des fauciſſons meſlé à celuy
des pots à feu & des fusées, fit dire
qu'il y a peu de villes qui ayent fait vn
plus beau feu que celuy de ce quartier.

Quartier de la Grand ruë.

L E ſiecle d'or rendu à la France
ſeruoit de ſujet à la machine de ce
quartier. L'image du ſiecle d'or eſtoit
eſleuée ſur vn grand quarré peint
en marbre blanc. Il tenoit de la droite
vn globe d'or, & de la gauche des cou-
ronnés, des diamans, des perles, & des
pierres precieuſes, qui ſont les ſymboles des honneurs & des richeſſes : des
trophées & des cornes d'abondance
faiſoient les ornemens de ce quarré,
qui eſtoit poſé ſur vn grand piedeſtal
bronzé, dont les quatre faces eſtoient
ornées d'emblemes, vn marteau d'or
frappant ſur vn globe de fer faiſoit le
premier, le ſecond repreſentoit vn
genie veſtu de drap d'or ſemé de fleurs
de Lys, qui refaiſoit vn globe d'or : Le
troiſiéme eſtoit vn ſerpent mordant ſa
queüe,

queüe, & plié en rond, auec ces mots
Æternum ſeruanda quies. Le quatriéme
repreſentoit le Soleil ſous la figure d'A-
pollon touchant d'vn pied vne riuiere,
qui ſe changeoit en or, & d'vne main
vn arbre qui prenoit le méſme éclat.
*Terras quaſcumque petit conuertit in au-
rum.* La fable de Midas eſtoit ingénieu-
ſement appliquée à ce ſujet. Ce piedeſtal eſtoit eleué ſur vn grand ſoubaſſe-
ment, dont les quatre faces auoient
auſſi leurs ornemens particuliers : l'vne
des armes froiſſées & renuerſées, auec
ces mots., *Alior ferrum ſeruator in vſus.*
Vne autre, vn palmier chargé de fruicts
& ſortant du milieu d'vn trophée, auec
ce bout de vers dans vn rouleau, *Poſt
mille triumphos.* Les autres deux faces
contenoient deux inſcriptions.

Ceux des autres quartiers n'eurent
point de deſſein particulier, & furent
ou de ſimples buchers accompagnez
de quelques fuſées, ou de ſimples caiſ-
ſes remplies d'artifice.

Deſcription du feu de joye dreßé ſur le Pont de Saone la veille S. Iean Baptiſte.

LE ſouuenir des malheurs paſſez à des douceurs ſi charmantes que l'on prend plaiſir de l'entretenir. Les images des trauaux que nous auons eſſuyez, quelque tumultueuſes & troublées qu'elles ſe preſentent à nos yeux flatent agreablement nos eſprits,& dans la tranquillité du repos nous trouuons de la douceur à nous remettre en memoire les diſgraces de la fortune , & les agitations de noſtre vie.

Il ne faut pas donc s'eſtonner qu'apres auoir ſatisfait au deuoir public auec tant de pompe & de magnificence , nous dreſſions de nouueaux trophées à la paix des dépoüilles de la guerre. Cette furie a trop cauſé de maux à l'Europe pour ne la punir qu'vne fois;Il faut multiplier ſes ſupplices pour accroiſtre noſtre ioye,& luy dreſſer autant de buchers qu'elle a deſolé de Prouinces & reduit

de villes en cendres. Il eft a fouhaiter
qu'elle foit long-temps le fujet de nos
réjoüiffances , puis qu'elle a efté tant
d'années celuy de nos craintes & de nos
larmes.

L'occafion de la Fefte de S. Iean Baptifte Patron de cette ville a renouuellé nos
ioyes publiques, & nos Magiftrats , qui
font magnifiques dans toutes les actions
de ceremonie , ne l'ont pas moins paru
en celle-cy qu'en toutes les autres.

Ce glorieux Precurfeur qui a efté lo
lien des deux teftamens, & le mediateur
de la Paix de Dieu entre les hommes
nous a porté a choifir vn deffein propre
de la Paix, & comme l'année preceden-
te nous reprefentames la tréue par vn
lion entre la crainte & l'efperance auec
cette infcription.

CHRISTI PRODOMO
DIVINÆ ET HVMANÆ PACIS NVNTIO
PACIS OMINA FESTIS IGNIBVS
CONSECRAT.
S.   P.   Q.   L.

Celle-cy nous auons reprefenté Hercule victorieux des Monftres, & le glorieux trophée de fes trauaux , ou le laurier changé en oliue fous ce tiltre general.

EX LAVRO, PACIS OLIVA.

Vn grand rocher eleué en forme de montagne ; & percé à iour en deux endroits, qui formoient comme deux antres, portoit sur sa cime vn grand oliuier chargé de dépoüilles. Cet arbre estoit celuy qui germa de la masse d'Hercule, qui estoit de bois de laurier pour presage de ses triomphes, & qui prit cette nouuelle forme pour marque de son repos apres qu'il eut enchaisné les monstres. Ces monstres estoient representez en diuers endroits de ce rocher, les vns terrassez comme l'Hidre & le Lion, les autres enchaisnez aux ouuertures des grottes comme Cacus, Anthée, Geryon, & Busiris. On voyoit aussi les serpents estouffez par ce Heros lors qu'il estoit encore dans le berceau, & le reste de ses trauaux glorieux. On n'auoit point mis la figure de ce braue des fables parce que son trophée n'estoit que la montre de ceux de nostre Monarque pacifique, qui n'a triomphé de ses ennemis que pour leur donner la Paix, & pour faire le repos de ses peuples lassez d'vne longue & sanglante guerre, qui commençoit à épuiser leurs forces.

Quelques infcriptions feruoient d'or-nement à cette machine, au bas de l'oli-uier on lifoit celle-cy.

PER ARDVA ET ASPERA CRESCIT.

Elle eftoit comme l'ame d'vne deuife dont cet arbre faifoit le corps : car felon les Naturaliftes l'oliuier croift mieux fur les rochers, & dans les terroirs pleins de cailloux , que dans les bonnes terres , & fes fruicts en font plus doux. Il eft en ce fens le fymbole de la Paix qu'on a con-cluë apres de rudes guerres,& beaucoup de difficultez que les deux Miniftres ont glorieufement terminées dans l'Ifle des Conferences.

Dans vne des faces on lifoit ces quatre vers.

Apres les Hidres eftouffées
Et la difcorde mife aux fers,
Nous voyons que les maux , que nous auons
*   foufferts*
Nous feruent maintenant à dreffer des
*   trophées.*

Comme les monftres terraffez ferui-rent d'vn glorieux triomphe à Hercule les maux que la guerre nous a caufez commencent à faire le fujet de nos ré-joüiffances.

Dans

Dans l'autre face ces quatre vers ap-
prenoient que ce qui auoit esté autrefois
le sujet de nos craintes l'est à present de
nos diuertissemens.

Des cendres de la guerre esteinte
La Paix allume tant de feux,
Que ce qui faisoit nostre crainte
Fera le plaisir de nos yeux.

Promethée deliuré faisoit vne partie
du sujet de cette representation, comme
il a esté autrefois vn des trauaux d'Hercule, aussi le voyoit on destaché de ce
grand rocher qui faisoit le corps de la
machine, & qui representoit le Caucase
ou Mercure l'auoit lié, il reprenoit son
flambeau allumé du feu celeste pour en
brusler la machine, & representoit en
cet estat les feux de ioye faits dans tout
le Royaume pour la paix, ce que ces
inscriptions mises des deux costez de la
riuiere expliquoient.

I.

Noua ignis Rapinâ
Prometheus factus audacior,
Festiuis orbem implet incendiis,
Et oleastri solutus vinculis
Quæ in coronas nexuit Gallicus Hercules

F 3

Facem pronubam porrigit Himenæo.

II.

Vt Herculeis laboribus
Fidem faceret Ludouicus,
Plura aggreſſus eſt portenta iuuenis
   Quam ille viderit.
Et virtutem habens pro Euryſtheo & Iunone
   Antè triumphare didicit,
     Quam Amare.

LA

PERMISSION.

VEv le Liure intitulé *Description des Réioüissances de la Paix*, *faites dans la ville de Lyon à sa publication*, composé par le R. P. MENESTRIER de la Compagnie de IESVS, ie n'empesche pour le Roy qu'il soit permis à Sieur BENOIST CORAL d'imprimer & mettre en lumiere ledit Liure, auec deffences à tous autres en tel cas requises : Fait à Lyon ce deuziéme Mars mil six cens soixante trois.

VIDAVD.

SOit fait suiuant les Conclusions du Procureur du Roy, l'an & iour susdit.

SEVE.

PRIVILEGE.

IE ſouſſigné Prouincial de la Compagnie de IESVS en la Prouince de Lyon , ſelon le Priuilege accordé à ladite Compagnie, par les Roys Tres-Chreſtiens Henry III. le 19. Mars 1583. Henry IV. le 20. Decembre 1608. Louys XIII. le 14. Fevrier 1611/ & Louys XIV. à preſent regnant, le 23. iour de Decembre 1650. Par lequel il eſt defendu à tous Libraires, ſoubs les peines portées audit Priuilege, d'imprimer les Liures compoſez par ceux de ladite Compagnie, ſans permiſſion des Superieurs; Permets à BENOIST CORAL, Marchand Libraire à Lyon, de faire imprimer & vendre pour ſept ans vn Liure intitulé *Les Réioüiſſances de la Paix, faites dans Lyon à ſa publication* , Compoſé par C. F. MENES-TRIER , de la Compagnie de IESVS , Fait à Lyon ce 2. May 1660.

LAVRENT GRANNON.

Stances ſur la premiere publication de la Paix faite en Hyuer.

Tandis que les Saiſons ſe diſputent la gloire
D'eſtre les maiſtreſſes des temps,
De meſurer le cours des ans
Et de faire à leur tour la beauté de l'hiſtoire:
Le Printemps couronné de Lys
Entre les graces & les ris
En diſpute la preferance.
L'Eſté ſur des champs labourez
Souſtient ſa corne d'abondance
Et s'entoure le front de ſes eſpics dorez.

L'Automne d'autre part en etalant la pompe
Des campagnes & des vergers
A l'ombre de ſes Orangers
Nous flatte d'vn éclat, qui delecte & qui trompe;
Ses pommes de Muſc, d'Ambre & d'Or,
Qui font ſon plus riche treſor
Forment l'eclat de ſa Couronne,
Elle repand à pleines mains
Toutes les faueurs de Pomonne
Et ſa fecondité fait riches les humains.

L'Hyuer qui n'auoit rien de ſa beauté premiere
  Tout enuironné de frimats
  S'alloit cacher ſous les climats
Où la nature à peine à ſouffrir la lumiere.
  Sa vieilleſſe & ſes cheueux gris
  Auroient pû pretendre le prix
  Si l'on auoit égard à l'âge,
  Mais par de trop iniques loix
  On meſure tout au viſage
Et l'on donne l'honneur ſans merite & ſans choix.

Mais depuis que la Paix vient regner dãs le mõde,
  Et que dans le dernier des mois
  Elle a pû ſoumettre à ſes loix
Deux Rois victorieux ſur la terre & ſur l'onde,
  Nous rappellons l'Hyuer du Nort,
  Et pour changer ſon triſte ſort
  Nous luy donnons Trône & Couronne,
  Il aura le Sceptre à ſon tour,
  Et pour le repos qu'il nous donne
Il receura des feux & de ioye & d'amour.

Remer

Remerciment de la ville de Lyon au Roy.

SONNET.

SOus les paiſibles ſoins d'vne ſage conduite,
I'ay vû des ennemis les impuiſſans efforts;
Et tandis que l'orage attaquoit tous nos ports,
I'ay mis les factions & les crimes en fuite.

La France de ſes mains alloit eſtre détruite,
On eut vû dans les champs des môtagnes de morts,
Et le ſang dont la Seine alloit teindre ſes bords
N'euſt eſté de nos maux qu'vne funeſte ſuite.

Vous auez preuenu ce tragique malheur;
Noſtre gloire eſt le fruict de l'inſigne valeur,
Qui fait voir dans vos fers la fortune captiue.

Apres tant de combats Monarque glorieux,
Vous me donneZ la Paix, & couronnez d'oliue
Les Lys que i'ay receus de vos premiers ayeux.

Remer

Remerciment de la France à la Reyne.

SONNET.

REine dont les bien-faits ſont de puiſſantes
     chaiſnes ,
Pour tenir ſous vos loix les cœurs aſſuiettis,
Vos ſoins pour mon repos ne ſont point allentis ,
Et mes vœux ne ſont plus des eſperances vaines.

Vous arreſtez le ſang qui coule de mes veines
Et deſirant de voir mes maux aneantis
Vous pardonnez le crime aux peuples repentis,
Et vous faites ceſſer leurs douleurs & leurs peines.

Vous portez voſtre fils aux douceurs du repos,
Vous moderez l'ardeur de ce ieune Heros ,
Et voſtre pieté luy fait rendre les armes.

Enfin le Ciel ſe rend à vos iuſtes deſirs
La paix de vos ſuiets, eſt le fruict de vos larmes
Et vos torrens de pleurs arreſtent leurs ſoupirs.

La

La France à ſon Eminence, qui a ſigné le traitté de Paix.

EPIGRAMME.

Heros qui paroiſſez dans vn illuſtre rang
Que vos mains pour ma gloire eſtoient bien
occupées ,
Lors qu'vn ſeul trait de plume emouſſa tãt d'eſpées
Et qu'vne goutte d'ancre arreſta tant de ſang.

La Ville reconnoiſſante à Monſeigneur le Mareſchal de Villeroy.

EPIGRAMME.

Heros dont la vertu me ſoumet à ſa Loy
Le Ciel en vous donnant ce beau Nom pour
partage
Fut de voſtre naiſſance vn illuſtre preſage
Que vous gouuerneriez & la Ville & le Roy.

Pour

Pour Monſeigneur le Mareſchal.

NE vous eſtonnez pas du repos d'vne Ville
Qui ſous vn grand Monarque eſt ſoumiſe
à ma Loy.
Ie la tiens à couuert de la guerre ciuile
Et ſuis le nœud ſacré de la Ville & du Roy.

Pour Monſeigneur l'Archeueſque.

Madrigal.

AV beſoin du public mes bras touſiours ouuerts,
Reglent ſes mouuemẽs, en moderent la ſuite,

Et

Et sous vne sage conduite,
Ie partage ma teste à deux emplois diuers.

S. Chrysostome compare le Prelat à vn compas qui doit tousiours auoir vn pied dans le centre, & l'autre dans la circonference, & voir de son cabinet ce qui se passe dans son Diocese, apres qu'il en a fait la visite: mais il conuient encore mieux au nostre, qui partage ses soins à Dieu & au Roy, dont l'vn est le centre & l'autre la circonference de tous ses mouuemens.

EPIGRAMME.

Sur la restitution des Places & le Mariage du Roy auec l'Infante.

Ne vous estonez pas qu'vn Monarque vainqueur
Ne se reserue pas ses conquestes entieres.
On peut bien rendre les frontieres
A ceux qui nous donnent le cœur.

SONNET.

SONNET.

Pour la nouuelle Reine.

Svr les riues du tage à l'ombre de l'oliue
Terese vn iour de l'eau contemploit le courăt,
Quand les derniers rayons du bel astre mourant
Vinrent toucher les bords de l'onde fugitiue.

A peine au bruit des flots elle estoit attentiue,
Que le Soleil parut d'vn éclat different;
Elle y vit le portrait d'vn Prince conquerant,
Et de petits Dauphins se ioüer sur la riue.

De ce nouueau Soleil ressentant la chaleur,
Elle fit aussi-tost son portrait sans couleur
Sur le coulant christal des eaux de la riuiere.

L'astre le vint baiser, & terminant son tour,
Dans les yeux de Terese il laissa sa lumiere,
Et ses feux dans son cœur firent naistre l'amour.

AMOR

AMOR PACIS
PROXENETA.

ELEGIA.

Vis furor ô superi ? quò vos humana tulêre
    Diffidia, & noftris inuida fata bonis?
Pax vbi nunc extorris aget, fi numina cœlo
    Lapfa, fub oppofitis partibus arma mouent?
Et quod erit placidū tempus?quo fidere tandem
    Aurea nafcentur fæcula digna Diis ?
Sat necibus ferroque datum:Mars vnicus orbem
    Implet,& euerfis legibus ima tenet.
Non pudet armorum fuperos; cæleftibus iræ
    Sunt animis, tangunt iurgia noftra Deos.
Hinc ferus è folio rutilantia fulmina torquet
    Iupiter, inque fuâ Sol ftatione fedet.
Infidiis pars nulla vacat , tonat anxius æther,
    Intentatque graues orbis vterque minas,
Solus Amor neruo vacuus,nudufque pharetrâ,
    Ludibrium fuperis præbet inermis Amor.
Extinctæ lux nulla faci, fpes nulla fuperftat
    In fua Francigenam cogere figna ducem.
Dum faciles aditus molitur arundine numen

G

Denſaque timantur ſpicula cordis iter,
Irrita tela cadunt,pharetramq; reportat inanem,
   Ipſa deos olim figere docta manus,
Ergo ait vnus erit iaculis imperuius Heros?
   Effugiet caſſes præda petita meos.
Impubes totum mittet ſub legibus orbem ,
   Parſque triumphati nunc erit orbis Amor,
Indecores nos iſta pati, totque irrita vento
   Tela dediſſe , rudi non data tela manu.
Fiximus Alcidem iaculo, ſpoliiſque ſuperbus
   Noſtra olim didicit tela timere gigas,
Et Tarteſſiacæ ceſſit mihi gloria gentis,
   Annibal, & ſubiit Cæſar vterque iugum.
Vicimus Heroo cretos è ſanguine Reges,
   Noſtraque Scipiadæ vincla tulere duces,
Nec Lodoice feres ? fauſtis victoria ſignis
   Vna fatigato dux erit ? vna quies ?
Ludimur? & canitur ſurdo dum blandula ſiren
   Illudit vacuo mille volupta modis,
Dicitur & noſtras Morpheus ſumpſiſſe figuras,
   Vmbra ſed excuſſo vana ſopore fuit.
Non Charites, non alma Venus,nõ aulica Circe
   Vlla ſuo potuit philtra parare duci.
Fraus ſupereſt iam nulla mihi; per ſigna ſecutus
   Sæpiùs inuaſi pectus inerme dolis,
At videt ille dolos,fraudem aſpernatur inanem,
   Atque aditus, crudo pectoris ære tegit.
Spes vna Auſtriacæ ſupereſt ſpes vnica gentis,
   Et Carpetani gloria Nympha ſoli.

Illa pares animos, ſimileſque in pectore ſenſus,
  Et gerit æthereo lumina digna ſinu.
Sunt ætate pares, cognato è ſanguine creti,
  Alter & alterius vultus in ore ſedet.
O Lodoice tibi ſi fas ſit cernere, quantus
  Lumina Thereſæ docta ſubiret amor?
Sed veſtat hoſtiles mens auerſata triumphos,
  Atque inimica pudet vincula ferre ducem.
An tanti eſt traxiſſe vrbes in vota, deamque
  Non potis es ſpoliis annumerare tuis?
Illa tuæ veniet melior victoria ſorti:
  Herculeos vnus vicerit iſte labor.
O Lodoice veni, vinces, ſi videris, & quæ
  Antè inimica fuit mitior hoſtis erit.
Vna vetat Bellona dolos, Mars impius artes
  Impedit, & fatis ſeruit adactus Amor.
Non patiar:formas me vertere præſtat in omnes
  Et ſimulachra aliis ſumere ſumpta diis.
Occupet hinc omnes aditus, & milite denſo
  Mars Lodoicœum ſtipet inerme latus.
Illinc Pyrenes vaſtis amphractibus arces
  Impoſitæ Alcidem non penetrare ſinant.
Non erit illa tamen noſtris imperuia tecnis
  Terra ſuperciliis tam benè ſepta ſuis.
Efficiam, vel deficiam: me nulla tenebunt
  Clauſtra, per inuiſas dum licet ire vias.
Sed quis fructus erit curarum? nulla miniſtrant
  Fraudes tela, nouâ ni viget arte dolus.

Vincit inermis Amor: pharetrâ meme vtar &arcu
    Pro neruo & iaculis miſſile corpus erit.
Hæ mihi erunt artes reliquæ, poſtremaque tela,
    Si fuerint aliis irrita tela viis.
O vtinam liceat Lodoici ſiſtere caſtris
    Diuam quam incolumem ſepta paterna tenét.
Eriperet Regi arma fero , componeret iras,
    Firmaque pax ſtabili conditione foret.
Fortunata ſuas ſi noſſet Iberia vires
    Quantumque in tenerâ virgine robur habet.
Intemerata manet ferro reuerentia vultus,
    Et Marti eripuit ſpicula ſola Venus.
Ergo age Regali tecto diſcedat Amazon,
    Et Lodoicææ meta ſit iſta viæ.
Firmior agger erit quouis munimine, certam
    Afferet afflictis hæc Dea rebus opem.
Quid dubitas ? ferrone arcet lauroque verenda
    Ceruix fœmineum non ſubitura iugum.
Accipiet, mihi crede : Pater tulit , antè tulêre
    Borbonides quotquot ſtirps numeroſa dedit.
Non duro riget ære ſinus, non pectus ahenū eſt,
    Ferrea nec fecit viſcera Martis amor.
Iamque aliqui micuêre ignes: cum creuerit ætas
    Creſcet ab admotis flamma ſopita rogis.
Quid differs Caſtella dolos ? hoc aggere tandem
    Aude Francigenæ ſiſtere Martis iter.
Suſpice Belgarum exundátes ſanguine campos
    Alta cadaueribus flumina cerne tuis.

Auſo

Auſoniam inuadit clades, iam limite nullo
   Tuta ſalus; Latij limina victor habet.
Si te prolis amor, ſi te ſuſpiria tangant,
   Hanc concede malis officioſa manum.
Quid renuis?plus Diua tibi, plus vnica cordi eſt
   Virgo; quam patrij cura tenenda ſoli?
Non alia inuenies afflictis tempora rebus,
   Nec ſperare iubent his meliora Dij.
Sentio,damna latent Nymphã,dum viuit in aulâ,
   Semotamque tenent otia blanda Deam.
Ni lateant,rueret patrios tuitura penates,
   Virgineâ caderent agmina cæſa manu.
Nam iaculis armantur apes, & cerea ſeruant
   Tecta:verecundis ſunt ſua tela roſis.
Ibo ergo, & patriis cogam diſcedere ſeptis,
   Me duce per faciles perget itura vias.
Non facient tormẽta moras, non ſepta,nec arces
   Quantumuis densâ grandine tela pluant.
Sat fuerit placidam Lodoico ſiſtere diuam.
   Expertemque ſatis fraudis adire ducem.
Protinus arma cadent manibus,ferrũq; reponet,
   Et poſtremus erit niſus Amoris amor.
Ni valeat, cedant odiis mortalibus iræ;
   Et rumpat dirus viſcera dura furor.
Hæc ait & celeri lapſus per inane volatu
   Laurentina ſubit mænia cautus Amor.
Explorat nitidas furtiuis greſſibus ædes,
   Atriaque inuiſo tramite cuncta videt:

G 3

Vt pótuit penetrare ſinus, per denſa viarum
    Clauſtra, puellarum ſiſtitur ante fores.
Ingreditur paſſu ſuſpenſo, ſingula luſtrat,
    Atque gynecæum ſe tenuiſſe videt.
Forte comam ad ſpeculi caſtigatura tribunal
    Cenſebat vitro Iudice frontis ebur.
Colligit effuſos radiato pectine crines ,
    Et cohibet refugas gemmea zona comas.
Totà miniſterio Diua eſt intenta, fidemque
    Iudicis explorat ſollicitante manu.
Obſequio Charites adſunt, & nobile vulgus
    Abſoluit formam virgineumque decus.
Stabat Amor ſecum tacitus, fraudemq; volutans,
    Cum promptâ ingenium ſuggerit arte dolos.
In ſpeculi glaciem tranſit , iamque explicat alas,
    Et vitreum accipiunt ſingula membra iubar.
Agnouere dolos Charites , pueroque latenti
    Subrident famulæ, conſiliumque probant.
Iam ſtupet ipſa ſibi Dea nondum conſcia fraudis
    Dum bibit Idalias lumine vtroque faces.
Suſtinet immoto ſimulachra fugacia vultu,
    Hæret, & intuitu pingitur vmbra ſuo.
Dum ſtupet, inſolitis ardent præcordia flammis
    Et ſubit arcano tramite flamma ſinus.
Intereà non ſegnis Amor ſub tegmine vitri
    Excipit ora Deæ virgineoſque ſinus.
Induit Auſtriacos vultus , ſe format in omnes
    Diuæ habitus, iamque eſt fæmina totus Amor.

                                        Hac

Hac specie abscedit plenus, satagitque sequaces
    Maturare dolos dum viget arte labor.
Tu Lodoice doli scopus es, tibi tela parantur,
    Et tibi molitur vincula victus Amor.
Res oculis agitur; meditatur nobile vulnus,
    Suspensâque manu spicula librat Amor.
Sed dubitat quo tela cadant, Theresia quamuis
    Ipsis suppeditet tela verenda Diis.
Hæret, & incerto quantum puer abstinet ictu
    Tam timet indocili perdere tela metu.
Tandem audet, factusque suis securior armis
    Obsidet armatâ lumina bina manu.
Profuit ancipiti fraus vltima, concipit ignes
    Indomitus Cypriis ignibus antè puer.
Theresam mens vna refert, & imagine sensim
    Ebibitâ, in gemino lumine sola Dea est.
Non hostes, non arma videt, non militis ora:
    Solaque cognatæ principis vmbra placet.
Dum licet, & faciles aditus præcordia præbent,
    Se insinuat fibris insidiosus Amor.
Vinceris Austriadum victor, cecidere solutâ
    Tela manu, cessit Martius ore vigor.
Hesperiam votis tentat melioribus Heros
    Et vocat in Thalamos pace fauente Deam.
In longum trahitur, validumq; inspirat amorem
    Lentus Hymen; subeat donec imago sinus.
Intereâ satagunt vrbes cessante tumultu,
    Nectere pacifico florea serta duci.

G 4

Inſtat Amor, digno tandem ſpectabilis ictu,
  Et reparare aliis perdita tela ſtudet.
Arma Sterops incude domat, ferroque ſequaci
  Dum calet in teretes ducitur haſta colos.
Mulciber vrget opus, noua ſpicula cudit Amori,
  Crudaque feſtiuis injicit arma focis.
Vndique collucent crepitantibus atria flammis,
  Lætitiâque implet turba vaciua forum.
Prouocat ore deos plebs officioſa fauentes
  Et canitur feſto carmine ſanctus Hymen.

LOVYS

LOVYS AVGVSTE
Conduit au Temple de la Gloire par la Paix.

Llez ieune Louys au temple de la gloire,
L'Himen vous y conduit suiuy de la victoire,
Et le monde en suspens n'attendoit que ce iour
Où vous deuiez ceder aux charmes de l'amour.
La Force & la Iustice en pompe & triomphantes
Ont fait voir à vos pieds les villes suppliantes;
L'Espagne desarmée, & vos suiets soûmis
Tiennent dans le deuoir vos plus fiers ennemis.
La France de Lauriers & de Lys couronnée
Mene apres vostre char la reuolte enchaisnée,
La Paix descend du Ciel & de l'eau de nos pleurs
La terre sous ses pas fait renaistre des fleurs.
Vne auguste beauté vous fait rendre les armes,
Cedez grand Conquerant, rendez vous à ses charmes:
En cette occasion Monarque glorieux
Permettez que l'amour soit le victorieux.
Les Myrtes à leur tour vous font vne couronne
Preferable aux Lauriers, que la gloire vous donne,
Et mille cœurs liez des chaisnes de l'amour

Vous font vn Diademe apres voſtre retour.
Tout le monde attendoit du fond des Pyrenées
Ce moment precieux , qui fit nos deſtinées,
Et nos vœux en ſuſpens retenoient nos ſouhaits
Quand vous auez ouuert le temple de la Paix.
Enfin ce temps fatal , & cette heure attenduë
Nous rendent du repos l'eſperance perduë.
De ce iour deſiré les preſages heureux
Retinrent nos ſoupirs rallumerent nos feux,
Et de ſi beaux effets ont ſuiuy ces augures,
Que nous ne craignons plus de triſtes auantures.
La Paix de ſes regards fait la ſerenité
Et depuis que vos mains l'ont miſe en liberté
Elle tient dans vos fers la fortune captiue
Et vous met ſur le front ſa couronne d'oliue.
De cet arbre immortel aucun des Conquerans
Ne porta des rameaux ny ſi verds ny ſi grands.
Ils font ombre aux lauriers de la Grece vaillante
Ils couurent la grandeur de Rome triomphante
Et le pompeux éclat des Ceſars couronnez.
Dont les ſiecles ſçauans parurent eſtonnez,
Ne fut iamais plus grand que lors que la victoire
Aux douceurs de la Paix ceda toute ſa gloire.
Ouurez vous à ce Temple vn plus vaſte chemin,
Le ſort de l'Vniuers depend de voſtre main.
Moderez la vigueur du ſang, qui vous anime,
Le repos fait ſouuent la ſource de l'eſtime:
Le nom de Pacifique eſt auſſi glorieux

Que

Que celuy d'Intrepide & de victorieux.
Vostre trône affermy sur la guerre estouffée
Est à vostre valeur vn illustre trophée :
Le monde auec respect se soumet à vos Lois,
L'Heresie fremit, elle en est aux abbois ;
De ses cheueux epars les couleuures sifflantes
Vomissent leur venin de feux estincellantes,
Et luy serrant le front de depit & d'horreur,
Impriment sur ses yeux la rage & la fureur.
Tout vous aime ou vous craint, le Ciel qui vous reuere
A cent peuples nouueaux vous destine pour pere,
Quand vous aurez vny par vn double laurier
Le Prince pacifique au Monarque guerrier.
Ce n'est ny le Soldat, ny le bruyant tonnerre
Des bouches de metal, & des foudres de guerre
Qui fait d'vn Souuerain la pompe & le bon-heur ;
On ne trouue ces biens qu'au Temple de l'honneur.
Les braues d'outremer dont la fable & l'histoire
Sur l'or & sur l'airain conseruent la memoire
N'ont eu qu'vn faux éclat, & ce lustre trompeur
Disparut aussi-tost qu'vne errante vapeur.
Ils ne nous ont laissé que des marques funestes
Dont on souffre à regret les pitoyables restes,
Et de tous les exploits de tant de Conquerans
Le temps n'a reserué que des lauriers mourans.
Leurs chiffres effacez ne laissent à l'histoire
Qu'vn spectre de grãdeur & qu'vne ombre de gloire,
Et ces victorieux, qui firent tant de bruit.

Cueillirent

Cueillirent des lauriers qui ne font plus de fruit:
Il faut pour s'esleuer prendre vne autre mesure;
Pour se rendre immortel c'est peu qu'vne peinture.
Il faut bien d'autres traits que d'vn tableau flatté
Pour seruir de modele à la posterité.
La vertu fait le rang, elle forme l'Image,
Les temps sont sous ses loix, ils luy doiuent homage.
Elle ne depend pas du marbre d'vn tombeau
Son eclat pour vieillir est tousiours aussi beau.
Elle est sans diademe, & sans cour souueraine
Sans elle la grandeur n'est rien qu'vne ombre vaine,
Et l'Empire absolu, qui fait l'authorité
N'est sans cette vertu qu'vn pouuoir limité.
Elle est d'vn souuerain la plus riche couronne,
Il n'est point de grandeur que celle qu'elle donne
Et pour estre immortel il faut que sa faueur
Nous mene par la main au Temple de l'honneur.
Entrez heureux Louys dans ce Temple où la gloire
Sur vn marbre eternel grauera vostre histoire;
Et voyez ce plafond où l'art & le pinceau
Ont mis en abbregé le Ciel la terre & l'eau.
Les astres couronnez de flâmes immortelles
Y font de vos vertus les illustres modelles:
Leur marche est éclatante, & leurs pas mesurez
Impriment sur le Ciel des rayons epurez.
Ils suiuent le Soleil en reglant leur cadances
Aux iustes mouuemens de leurs intelligences;
Et roulans sans desordre ils s'auancent sans bruit,

Pour

our faire vn ſecond iour au milieu de la nuit.
oyez dans ces tableaux de ſuperbe parure
Des Princes vertueux la fidelle peinture.
cy tous vos ayeux ſont peints en maieſté
ous le grand appareil, qui fait l'authorité,
Et leur exploits grauez en de riches ouáles
Font de leurs actions les celebres annales.
Ces Princes genereux, du geſte & de la main
Semblent brauer la Grece & l'Empire Romain.
Ils ſont fiers ſur le marbre, & leur mine hautaine
Tient de l'air des Heros ſans paroiſtre trop vaine.
Vne ardeur bien-ſeante allume dans leurs yeux
Le feu des Conquerans & des victorieux.
Mais quelque grand que ſoit l'eclat de la victoire
Ces Heros à la Paix doiuent toute leur gloire
Et leurs faits ne ſeroient qu'vn obiet de terreur
S'ils n'auoient moderé cette noble fureur.
Les Sceptres qu'ont porté ces maiſtres de la France
Sont des marques d'honneur & non pas de defenſe:
Les Rois ſont ſeulement les teſtes des Eſtats
Tandis que leurs ſuiets font l'office des bras.
Et leurs armes ne ſont qu'vne pompe odieuſe
Si la neceſſité ne la rend ſpecieuſe.
Vos ayeux n'ont cherché dans leurs vaillans exploits
Que de vanger l'Egliſe, & defendre leurs droits.
Sur les triſtes debris des autres Monarchies
Les Prouinces par eux de leurs fers affranchies
Preſentent leurs reſpects à ces liberateurs

Et

Et leur font à genoux homage de leurs cœurs.
La gloire & la vertu ſur leurs aiſles portées
Par de petits Amours tour à tour aſſiſtées
Soutiennent vn écu dont la belle couleur
Sert de champ aux blaſons qu'y trace la valeur.
Les trois Lys couronnez de palmes immortelles
Sur vn confus amas de drappeaux infidelles
Font vn riche trophée au zele de ces Rois
Qui ſur les tours d'Egypte arborerent la croix.
Sous leurs pieds la diſcorde hurlante & forcenée
Se void de cent liens à leur char enchaiſnée
Et iettant des regards tremblants & furieux
N'oſe plus menacer que du geſte & des yeux.
Cent depoüilles ſur elle en triomphe portées
De ſon venin fatal ne ſont plus empeſtées,
Et des cœurs reunis par de petits Amours
Font à ces Souuerains de ſuperbes atours.
Les vns de leurs flambeaux allument des trophées,
Et & de leurs feux vnis les armes échauffées
Se changent tout à coup par vn eſtrange ſort
En de doux inſtrumens d'inſtrumens de la mort.
D'autres dans vn lointain chargez de Diademes
Font iuſtice au merite en de petits emblemes.
C'eſt là que cent Soldas paroiſſent couronnez,
Des lauriers qu'au côbat leurs mains ont moiſſonnez,
Et que les Magiſtrats trouuent la recompenſe
De leurs fideles ſoins & de leurs vigilance.
Des amours enioüez font d'vne autre coſté

Des

Des tableaux differens & d'art & de beauté.
Tandis que la victoire à l'ombre de l'oliue
Semble ſe delaſſer & deuenir oiſiue.
L'vn deſarme vn Heros & paraiſt empreſſé
A ſe faire vn berceau d'vn bouclier renuersé,
Vn autre fait des traits des éclats d'vne lance,
Et courbant vne pique auecque violence
Change en vn arc leger ce qui faiſoit iadis,
L'armure & l'ornement des Chefs les plus hardis.
L'vn ſe cache à demy ſous vn corps de cuiraſſe
Tandis que d'vn baudrier vn autre s'embarraſſe
Celuy cy d'vn drapeau qui flotte au gré du vent
Se fait vn toit mobile & le pouſſe en auant,
Et l'on en void plus loing des troupes occupées
A briſer des canons & rompre des eſpées.
La Paix au deſſus d'eux repand à pleines mains
Les aſtres du commerce, & les dieux des humains.
Sous ſes pieds l'Alcion ſans craindre le naufrage
Dreſſe ſon nid flottant au milieu de l'orage,
Et la vague irritée appaiſe ſon courroux
Pour luy faire vn berceau plus trãquille & plus doux
Vn Lion d'autre part montre vne ame docile,
Il retient ſa fureur, il arreſte ſa bile,
Et ſoit crainte ou reſpect, qui l'empeſche d'agir
Il eſt obeïſſant & ſe laiſſe regir.
Ce ſont là des Heros les images auguſtes,
Les plus grands de ces Rois ont eſté les plus iuſtes,
Et la Paix à rendu leurs noms plus glorieux

Que

Que n'ont fait les combats les plus laborieux.
Le ſang fait à la pourpre vne couleur cruelle;
Celle de l'innocence eſt plus viue & plus belle
Et les cœurs des ſuiets font vn honneur plus grand
Que cent Sceptres liez au char d'vn Conquerant.
Quãd vous tiendriez aux fers vne troupe de braues
Vous auriez ſous vos loix de moins nobles eſclaues,
Que ces cœurs attachez par ce dernier bienfait
Qui ſont captifs de choix & libres en effet.
Viuez heureux Loüys tant que les deſtinées,
A faire voſtre gloire epuiſent nos années
Et que tous vos ſuiets en vniſſant leurs voix
Confeſſent que la Paix eſt la gloire des Rois.

LA POMPE ROYALE,
Des Nopces de leurs Majestez.

ELEGIE.

L'Amour impatient de voir l'Auguste Reine,
Qui du cœur de Loüis est enfin souueraine,
Et qui malgré l'orgueil de ses plus ieunes ans
Fait ceder sa valeur à ses yeux conquerans,
N'attend plus que le iour qu'on destine à sa gloire
Et qui doit acheuer l'honneur de sa victoire,
Il semble que les Dieux soient sourds à ses desirs,
Leur long retardement cause ses deplaisirs.
Cent fois des feux du Ciel il obserue la course,
Et sur les mouuemens de Venus & de l'Ourse
Connoissant les progrez de la nuict & du iour
Il void que Soleil est loing de son retour.
Il s'en plaint à ces feux, dont la marche eclatante
Suspend trop ses desseins, & luy semble trop lente.
Beaux astres, leur dit-il, dont les aimables traits
Sont du pere du iour les plus riches portraicts,
Globes estincelans d'vne pure lumiere
Acheuez promptement vostre vaste carriere,
Sentinelles des Cieux, beaux yeux du firmament
Fauorisez l'Amour en cet heureux moment.

H

Voiles iniurieux, importunes tenebres,
Couurez d'autres pays de vos manteaux funebres;
Allez chez les Lappons * *faire de longues nuits,* *Peuples Septétrionaux.*
Mais ne paroissez plus dans les lieux où ie suis.
Enfin pour redonner du lustre à la nature
Il tire de ses feux la flâme la plus pure,
Et la distribuant egalement par tout
Fait briller l'Vniuers de l'vn à l'autre bout.
Les arbres échauffez de cette ardente flâme
Qui porte sa chaleur iusqu'au fond de leur ame,
Produisent plus de fleurs & poussent plus de fruits,
Qu'ils ne font au printëps dans les plus douces nuits.
La terre ouure ses yeux, & les beautez de Force
Offrent tous leurs parfums à la nouuelle Aurore
Clitie * *ouure son sein, & quittant le sommeil* *Nymphe chãgée en tournesol.*
Regle ses mouuemens sur ceux de ce soleil.
Les oyseaux éueillez d'vn air plus methodique
Font de leurs chants mélez vn concert magnifique,
Tandis que le Zephyre, & la Nymphe des bois
Font côme vn second chœur de leurs mourantes voix.
Des rayons de l'Amour la nature eclairée
Reprend ses ornemens, & paroit mieux parée.
Cependant il s'auance & d'vn air tout riant,
Il ouure auant le temps les portes d'Orient,
Et prenenant l'office & les soins de l'Aurore
Fait chemin au Soleil sur les pas du Phosphore.
La Deesse dormoit sur vn beau lit de fleurs,
Vn paisible sommeil auoit seché ses pleurs;
Quãd l'amour qui craignoit que de l'eau de ses larmes

Le iour clair & ſerain ne perdit quelques charmes,
D'vn ſomme plus profond aſſoupit tous ſes ſens
Pour ne laiſſer plus voir que des biens innocens.
Et de peur que les fleurs de ces larmes trempées
Ne perdent leurs beautez auant qu'eſtre couppées,
Il veut que de leur teint le luſtre conſerué,
Faſſe au flambeau d'Hymen vn eclat acheué.
Tout luit des feux ſacrez que l'Amour diſtribuë
Déja le iour naiſſant en colore la nuë;
La campagne reprend ſes ornemens diuers
Ses vallons ſont deſia plus fleuris & plus verds.
De cent iours échappez la terre eſt rayonnante,
L'eau de mille ſaphirs paroit eſtincellante
Et l'Amour agiſſant montre aſſez dans ſes yeux
Qu'il nous prepare vn iour de flâmes & de feux.
Par ſes ordres exprez les Graces empreſſées
Au Palais de Thereſe eſtoient deſia paſſées;
L'Himen eſt de la troupe & de petits amours
Portent auecque luy de ſuperbes atours.
Les plus riches treſors de l'Inde & de l'Euphrate
Brillent dans des baſſins de vermeil & d'agate;
Et l'orgueil precieux qui ſert à la beauté
Eſt par tous ces amours pompeuſement porté.
La Gloire qui les ſuit dans vn air d'Amazonne
A la nouuelle Reine apporte vne couronne
Où les rubis meſlez aux plus fins diamans
Font de leurs feux vnis des miracles charmans.
De cent perles de prix le tour du diademe

S'éleue à huict fleurons, & ſe courbe de meſme.
Sur vn manteau Royal, que tient la Maieſté
L'Eguille a de cent fleurs les couleurs imité :
Des lys eſtincelans d'or & de pierreries
Font ſur vn fond d'azur de riches armoiries ,
Et ce pompeux blaſon a l'hermine meſlé ,
De tout autre ornement ne peut eſtre egalé ,
Il eſt de la grandeur la marque la plus iuſte ,
Son luſtre eſt pretieux, & ſa pompe eſt auguſte.
Les vertus d'autre part d'vn pas maieſtueux
Apportent à Louïs des preſens ſomptueux :
La Force & la Valeur de lauriers couronnées
De l'accord des deux Roys ſont encore eſtonnées.
Tandis que dans leurs mains les armes ne ſont plus
Que de vains ornemens & des traits ſuperflus.
Leurs regards ſont benins, leur marche n'eſt plus fiere,
Leur air ne tient plus rien de la mine guerriere.
La Paix vient ſur leurs pas & ſon riche appareil
Dans les ſiecles paſſez n'a rien eu de pareil :
Les palmes par reſpet ſe courbent deuant elle
Tout fait à ſon triomphe vne pompe nouuelle
Qui n'a rien de funeſte, & qui fait voir aux yeux
Des obiets plus charmans & plus delicieux
Que le triſte attirail des machines de guerre,
Et les ſanglans debris des grandeurs de la terre.
La Pieté triomphe en ce iour glorieux
Où ſes Autels remis par vn Prince pieux
Vont ioindre d'vn ſaint nœud deux teſtes couronnées

Pour

Pour faire à leurs ſuiets d'heureuſes deſtinées.
Ces deux cœurs mis en vn pour le bien des Eſtats
Seruiront de modelle aux autres Potentats
Tandis que de leurs ſoins les communes rauies
Feront au Ciel des vœux pour de ſi belles vies.
La Iuſtice la ſuit, & la balance en main
Peſe les intereſts de tout le genre humain.
Mais celle qui defend les droits de la victoire
Porte au lieu de l'eſpée vn grand ſceptre d'yuoire.
Elle ne ſe ſert plus du voile officieux
Qui ſemble derober les crimes à ſes yeux
Et ceſſant d'eſtre aueugle, elle voit tout à l'aiſe
Les charmes innocens des beaux yeux de Tereſe.
Ses appas naturels ont vn air de fierté,
Qui ſert à la grandeur ſans nuire à la beautě.
Il n'eſt point d'ornement que ſon luſtre n'efface,
L'eclat des diamans au ſien cede la place.
Les ſaphirs, les grenats, les perles, les rubis
Luy ſeruent ſeulement à parer ſes habits :
Les climats épuiſez pour couronner ſa teſte
Ont fourny leurs treſors à cette grande feſte,
Mais de tous ces treſors le luxe precieux
Ne fait que reflechir les rayons de ſes yeux.
Pendant qu'elle s'appreſte à la ceremonie,
L'Amour dans vn ſalon reçoit la compagnie,
Et commande auſſi-toſt que des bouches d'airain
Le concert harmonique, & le ton ſouuerain,
Inuite à l'appareil du Royal Hymenée

Des grandeurs de la Cour la troupe couronnée.
Elle paroit enfin, & les yeux ébloüis,
Ne ſemblent admirer que Tereſe & Loüis.
Entre ces deux ſoleils les regards ſe partagent;
Que de cœurs affrãchis dãs leurs chaiſnes s'engagẽt!
Que d'illuſtres captifs ſuiuent ces Maieſtez!
Qu'on void à leurs appas lier de libertez !
L'Amour ne fit iamais de ſi nobles conqueſtes
Dans ſes iours de triomphe & dans ſes grãdes feſtes,
Qu'il reçoit à ce iour de reſpets & de vœux
De tout ce que la Cour a de plus genereux.
De cent confuſes voix le deſordre harmonique
Eſt d'vn heureux Hymen le preſage energique
Et dans ce bruit confus ſont mille fois oüis
Le beau nom de Tereſe & celuy de Loüis.
Que Loüis eſt heureux, que Tereſe eſt charmante!
Que cét auguſte Amant eſt digne de l'Amante !
Que l'vn eſt plein d'appas, qu'il eſt maieſtueux !
Que l'autre eſt agreable , & qu'ils ſont beaux tous
De ſemblables diſcours les places retẽtiſſent, (dsux.
Les voutes du Palais cent fois les reflechiſſent,
Quand la troupe s'auance, & celle qui la ſuit
Attire les regards & fait ceſſer le bruit.
La Reine dont les ſoins & la ſage Regence
Malgré les factions ont ſoutenu la France
A ſa part du triomphe,& la gloire du fils
Couronne ſes trauaux de rayons reflechis.
Les grandeurs de la Coür pres de leur ſouueraine

Font

Font gloire de marcher ſur les pas de leur Reine :
Et tout ce que la France a de grand & de beau
Reçoit de ſes regards vn eclat tout nouueau.
Meſme les immortels ſe font de la partie,
Pour faire aux deux amans vne gloire aſſortie.
Leurs illuſtres Ayeux ſuperbement veſtus
Y viennent honorer la pompe des vertus.
De leurs manteaux d'honneur l'hermine blanche &
Eſt de leur pieté la naïue figure.   (pure
Leur pourpre eſt innocente, & de ſang epanché
Son luſtre pretieux ne paroit point taché.
Auſſi n'at-on iamais veu rougir les annales
Par des crimes ſortis de ces ames Royales.
Dans l'art de bien regner ces Monarques inſtruits
Ont preferé la Paix à des biens fortuits,
Et tenant ſous leurs loix la fortune ſoûmiſe
N'ont eu d'autre intereſt que celuy de l'Egliſe.
Ces Heros dont Louis a Marché ſur les pas
Dans tous ſes mouuemens, & dans tous ſes combats
viennent à ſon triomphe & luy font vne ſuite
Digne de ſa grandeur, digne de ſa conduite.
Ces fameux conquerans par vn commun aueu
Font gloire maintenant de ſuiure leur Neueu,
Qui d'vn premier effort, & dãs moins de cinq luſtres
A deſia ſurpaſſé leurs faits les plus illuſtres.
Les Muſes à leur tour pour rendre à ce Heros
Les fruits de ſa victoire & ceux de leur repos
S'auancent à leur rang apres ces grands Monarques

Que leurs chants font suruiure à la rigueur des Par-
D'vn concert delicat d'instrumens & de voix (ques,
Elles flattent l'oreille, & celebrent ces Roys.
On entre dans le Temple, & sur la sainte Table
On celebre aussi-tost le Mystere ineffable.
Où Terese & Louys des liens les plus forts
Ioignent leurs volontez pour ne faire qu'vn corps.
A cè consentement les Anges applaudissent
D'vn bruit confus de voix les places retentissent
Et l'air estincellant de flâmes & de feux
Annonce à l'Vniuers le comble de ses vœux.
S'il a fallu souffrir vne si rude guerre,
Voir d'vn sang innocent rougir toute la terre,
De leurs vastes Estats des Princes depoüillez,
Les trônes chancelans, & les peuples broüillez,
S'il falloit que la Paix fut le fruit de nos larmes,
Et que nostre repos se dût à tant d'alarmes,
Pour appaiser les Cieux iustement irritez
Et pour voir d'vn saint nœud lier ces Maiestez
Nous sommes satisfaits, & vos peines passées
Par vn si beau succez sont bien recompensées.

LE REPOS ET LES BEAVTEZ
de la Campagne, premiers fruicts
de la Paix.

HEros que le desir d'vne gloire immortelle
Fait courir aux dãgers où l'hõneur vous appellé;
Reposez maintenant à l'ombre des lauriers,
Que vous auez cueillis dans les trauaux guerriers:
Les plaisirs innocens que la Paix vous presente
Se doiuent preferer à l'ardeur turbulente,
Et l'Hymen de Louys vous demande à son tour,
Des guirlandes de fleurs, & des flames d'amour.
Preferez la Campagne aux tumultes des villes
D'où sont nez tous les maux de nos guerres ciuilës,
L'aimable solitude a de charmans obiets,
Et la Paix y produit de sensibles effets.
L'astre qui fait le iour du bout de sa carriére
Sans obstacle y repand sa naissante lumiere,
Sur cents miroirs flottans ses rayons reflechis
Font voir de cent Soleils les ruisseaux enrichis.
Les innocentes fleurs que cét astre caresse
Des zephirs endormis accusent la paresse :
Les arbres les plus hauts se tiennent embrassez
De cent liens d'amour l'vn a l'autre enlassez.

I

Et le coulant criftal échapé de fa veine.
Roule fes eaux fans bruit, & ferpente la plaine,
Icy de mille fleurs les prez font emaillez ,
L'abondance paroit fur les champs trauaillez,
Et de mille beautez la campagne parée
Aux douceurs du repos femble eftre preparée.
Les oïfeaux eueillez pour faluër le iour
Sur des tons differens chantent des airs d'amour.
De leurs fçauans accords l'agreable mufique
Entretient de cent chœurs le combat pacifique,
La nymphe le repete, & fa charmante voix
Anime le concert de ces chantres des bois.
La mouffe des rochers fur des traces liquides
Recueille le trefor de cent perles humides.
Les bergers eftendus fur des lits de gazon
Ioüiffent des douceurs de la belle faifon.
Tout rit, tout eft tranquille en ces lieux de delices,
Et les panchants affreux des plus hauts precipices,
Donnent plus de plaifir qu'ils ne caufent d'horreur
Quand on les void ouuerts aux foins du laboureur.
Sous le fueillage vert des branches recourbées
On void fans fe laffer fes penibles cournées,
Tandis que de fon coutre il ouure les guerets
Et diffofe la terre aux faueurs de Ceres.
Le fer que la fureur à rendu fi funefte ,
Dans ces lieux innocens n'a rien que l'on detefte
Du fang des ennemis il n'eft plus alteré,
Depuis qu'il a pour nous la terre dechiré.

Il ſert ſans ſe ſoüiller a ce paiſible uſage
Apres auoir ſeruy l'ardeur & le courage.
C'eſt ainſi qu'autrefois les Dictateurs Romains
Exercoient dans les champs leur triomphantes mains,
Et que ces nobles mains à vaincre accoûtumées,
Quittoient l'empreſſement & le ſoin des armées,
Pour guider la charruë & ſur des ſauuageons
D'vn art induſtrieux enter d'autres bourgeons.
Les champs reconnoiſſans payoient auec vſure
Les ſoins officieux d'vne telle culture ;
Les arbres les plus hauts offroient à pleines mains
Des fruits de toute ſorte à ces braues Romains.
Les teſtes des Conſuls de fueilles couronnées,
Auoient dans les foreſts de paiſibles iournées,
Et loin de l'embarras des plus triſtes ſoucis
On a vû dans ces lieux leurs trauaux addoucis.
Ainſi le grand Cyrus hors des ſoins de la guerre
Employoit ſon repos à cultiuer la terre.
Des arbres file à file il allignoit les rangs,
Comme d'vn bataillon on dreſſeroit les flancs;
Et des champs cultiuez l'innocent exercice
Eſtoit à ce Heros vne ombre de milice.
Ainſi le grand Louys va dans Fontainebleau
Du premier ſiecle d'or refaire le Tableau,
Et ſa Royale main n'y doit eſtre occupée
Qu'à cultiuer les fleurs du fer de ſon eſpée.
Les arbres qu'ont plantez ſes auguſtes ayeux
Tendent deſ-ia leurs bras à ce Roy glorieux,

E

Et portent iuſqu'au Ciel leurs verdoyantes teſtes
Malgré tous les efforts des plus fieres tempeſtes.
A longs replis d'argent le Chryſtal qui ſe fuit
Cede à peine la place à celuy qui le ſuit
Eſperant de reuoir ſon Monarque à ſon aiſe,
Et d'eſtre le miroir des beaux yeux de TERESE.

F I N.

LES REIOVISSANCES DE LA PAIX

FAITES DANS LES COLLEGES
de la compagnie de IESVS.

Es Muſes, qui n'ont pas moins d'in-tereſt a la Paix, que les peuples, qui la reçoiuent, ont voulu donner des marques de leur ioye. Le ſilence que les rejouiſſances publiques leur ont impoſé, & la retraite qu'elles ont couſtume de faire tous les ans, pour paſſer du Parnaſſe au Caluaire, les a obligées de preuenir la publication, & de remettre le reſte de leur pompe au iour qu'el-les ont couſtume de receuoir nos Magiſtrats, qui les honorent de leur preſence pour receuoir les reſpets de ces diuinitez ſçauantes, qui ne trauailleut qu'à leur gloire. Elles ont eu peine de ſe reſoudre à ce ſilence, que les loix & la couſtume leur preſcri-uoient, & la plus hardie en à porté ſes plaintes reſpectueuſes iuſqu'à ce glorieux Monarque, qui n'eſt pas moins le ſujet de leurs chants, que la cauſe de leur repos. Ces quatre vers luy ont ſerui de truchement.

EPIGRAMME AV ROY.

Prince dont les vertus ont des charmes ſi doux,
Pourquoy cõmandez vous que nos Muſes ſe taiſẽt;

A

Leurs illustres trauaux , & leurs peines leur
  plaisent,
Si vous leur permettez de trauailler pour vous.

Leur Parnasse, qui n'est pas moins double en
cette ville que dans la Grece à partagé ses soins entre nos deux Colleges, & quoy que l'vn n'ayt rien
de la Magnificence de l'autre, il n'a pas moins paru
ingenieux dans la representation, que le petit nombre de ses nourrissons & sa petite estenduë luy ont
permis d'entreprendre.

Le sujet estoit *le Genie de la France couronné*
d'Oliue & restituteur de la Paix. Et l'Autheur nous
fit entendre la cause de ce dessein, par ce compliment aussi net que delicat :

MESSIEVRS,

Tandis que toute la France retentit de cris d'alle-
gresse, & que par ses feux de ioye elle fait éclater les
ressentimens qu'elle a de la Paix, qui la fait passer
de ses longues agitations à l'estat d'vn heureux re-
pos : tandis qu'elle occupe ses peuples non plus à for-
ger des armes , ny à fondre des canons pour seruir
de foudres à la fureur , mais à faire des guirlandes
d'Oliue pour couronner son Auguste Monarque, qui
la fait respirer à l'ombre de ses lauriers , il est bien
raisonnable que nos Muses temoignent la part qu'el-
les prennent aux reioüissances publiques, puisque la
Paix n'est pas seulement le bien de la societé Ciuile,
les delices de la Nature , l'appuy des Lois, & la
couronne des Victoires ; mais encore la mere des
Sciences , la tutrice des Arts, & la reparatrice des
Lettres.

Voicy

Voicy toute la conduite de cette action Allegorique.

Le Genie de la France laſſé d'vne longue guerre, qui à fait couler le plus beau ſang de ſes veines apres auoir addreſſé ſes prieres au Ciel pour la Paix de l'Europe, qui eſt le ſeul obiet de ſes trauaux, & le but de toutes ſes entrepriſes eſt ſurpris d'vn doux ſommeil, qui fait la premiere auance du repos, que le Ciel luy deſtine. A peine a-t'il fermé les yeux, que le nonce de la Paix le couronne d'Oliue, & entoure le lys de ce Genie d'vne branche de ce meſme arbre. Il ſort de ce paiſible ſommeil auec autant de ioye que d'eſtonnement, & il a peine de croire à ſes yeux, qui luy repreſentent ce Rameau d'oliue, & a ſes mains, qui le portent. Les prouinces ſe preſentent a luy pour faire leurs plaintes des maux que la guerre leur fait ſouffrir, il les conſole par l'eſperance de la Paix, dont il leur montre le gage que le Ciel luy à donné, quand vn oracle luy annonce de mettre ce rameau ſur vn autel pour reconnoitre la diuinité, qui eſt la cauſe de ſon bonheur; il obeït & apres auoir rendu ſes vœux ſur cet autel il ſe retire pour publier à tout le monde l'heureuſe nouuelle de ſon repos.

La Diſcorde enragée de voir ſes entrepriſes deconcertées par ce rameau d'Oliue taſche de l'enleuer de l'autel, le trouble & la guerre luy offrent leur ſecours, & deſia l'autel eſtoit esbranlé par leurs premieres atteintes, quand le Genie de la France les renuerſe d'vn coup de foudre, la victoire luy donne la palme apres vn ſi beau coup, & le nonce de la Paix ſuiui de la felicité & de la ioye publie ſolemnellement l'amitié iurée entre les deux plus puiſſans Monarques du monde.

Les vertus reſtablies par ce Genie pacifique luy forment vne couronne de tout ce que le monde a de plus exquis, & la mettent entre les mains de la religion, qui fait la ceremonie de ſon couronnement. Les glorieuſes ouurieres de ce diademe ſont la Pieté, la Valeur, la Temperance, la Iuſtice & la Prudence, qui deputent la renommée à tous les peuples pour leur annoncer la Paix,& les actions illuſtres de noſtre Roy incomparable, tandis que les ris & les amours donnent des temoignages de leur ioye par vne danſe.

LE grand College à qui le lieu & le nombre des Ecoliers eſtoient plus fauorables fit deux repreſentations, dont la premiere fut vne Tragedie accompagnée de quelques intermedes ſur le ſuiet de la Paix, & la ſeconde fut vne action Allegorique. Voicy l'argument & la conduite de l'vne & de l'autre, par leſquels vous pourrez iuger de toutes les beautez de ces deux pieces ingenieuſes qui ne furent pas moins heureuſement executées, qu'elles auoient eſté conduites ſelon toutes les regles du Theatre,& de la Poëtique d'Ariſtote.

DESSEIN

De la Tragedie repreſentée au College de la Trinité par les Rhetoriciens.

ARGVMENT.

TRebellius Roy des Bulgares, ayant embraſſé la Religion Chreſtienne,pour faire penitence de ſes

*crimes laiſſa le Royaume à ſon fils, & ſe retira dans
la ſolitude pour y viure le reſte de ſes iours en habit
de Religieux : mais quelques années apres ayant
appris, que ce fils auoit abandonné le Chriſtianiſme,
il ſortit de ſa Cellule, & s'eſtant déguisé rentra
dans ſon Royaume, où il fit arreſter ce prince Idola-
tre, & aprés l'auoir fait aueugler, & couronné le
Prince Albert ſon ſecond fils, il ſe retira dans ſa
premiere ſolitude. L'an 865. Sigebert. Zonaras
Tom. 3. Regino L. 2.*

Conduite de la Tragedie.

Le Prince des Bulgares victorieux, triomphe
aprés la défaite de ſes ennemis, & pour reconnoiſtre la valeur de ſes chefs, leur diſtribue les
principales charges de ſon Royaume. Son frere luy
vient au deuant, pour luy témoigner la part qu'il
prend dans le ſuccés de ſes armes, & aprés l'auoir
ſaliié, ſe retire pour luy preparer vne ſuperbe entrée dans le Palais. On apporte les dépoüilles du
dernier combat, dont il commande que l'on dreſſe
vn trophée, qu'il conſacre luy meſme à Iupiter.
Deux des chefs mécontens de voir leur fidelité
ſoupçonnée, & leurs belles actions mal recom-
penſées, ſe plaignent de l'iniuſtice des cours où la
vertu eſt ſouuent mal traitée, & ſont marris de
n'auoir pas ſuiui Trebellius leur ancien maiſtre
dans la ſolitude où il s'eſt retiré. Cependant Trebellius qui auoit déja appris les impietez de ſon fils,
entre déguisé, & reconnoiſſant ſes deux anciens
ſeruiteurs, ſe cache pour ouyr leur entretien : ces

chefs pour executer les ordres que le Prince leur a
donné, vont prendre le reste des dépoüilles pour en
charger le trophee, qu'ils trouuent à leur retour
renuersé par Trebellius & par Melippus son com-
pagnon, ils les arrestent comme des ennemis de
l'Estat; & le Prince Albert estant retourné ils les
luy liurent entre les mains. Il loüe la fidelité de ses
Chefs que son frere auoit à tort soupçonnée, & in-
terroge ces deux estrangers, en leur demandant premierement qui ils estoient, d'où ils venoient, & à
quel dessein; Trebellius déguisé, respond qu'ils sont
estrangers, qui viennent de la Thebaïde. Le jeune
Prince surpris luy demande quel est ce pays, auquel
le solitaire respond, que c'est le lieu où Trebellius
ancien Roy des Bulgares s'est retiré. Ce nom de
Trebellius surprenant Albert, luy fait dire aussi-
tost? ha! c'est mon pere, vit il encore? de quel aage
est-il? à quoy s'occupe-t'il. Il est de mon aage rê-
pond Trebellius, vestu comme moy, sa taille est
semblable à la mienne, & il ioüit maintenant d'vn
profond repos. Vn des anciens Seigneurs de la Cour
reconnoit le Roy deguisé, qui ne pouuant plus tenir ses larmes, saute au col de son fils, & defendant
à tous ceux de sa suitte de rien dire de sa venuë, luy
expose la cause de son voyage. Androphanes &
Corbulus les deux Chefs que le nouueau Roy ve-
noit de disgracier sont les premiers à reconnoistre
leur ancien Prince qui leur donne les ordres neces-
saires pour l'execution de son entreprise, & se retire auec eux, tandis qu'Albert deplore l'aueuglement de son frere, qui est retombé dans ses erreurs.

Le Roy qui ne sçauoit encor rien de la venuë de
son

son Pere , commande à Albert son frere de quitter
la religion Chrestienne , afin que le Royaume ne
soit plus partagé en deux cultes differens. Albert
indigné de la proposition qu'il luy fait, deteste son
impieté, & se retire. Cependant Corbulus suiuy
de deux soldats vient pour arrester le Roy, qui met-
tant la main à l'espée pour se defendre est arresté
par les soldats, qui le desarment. Il appelle ses gardes : mais se voyant trahi & abandonné de tout le
monde , & apprenant que c'est par ordre de son
pere qu'on le retient , il s'emporte aux derniers
mouuemens de colere & reproche à Corbulus sa
perfidie. Trebellius entre apres s'estre fait reconnoistre dans la Cour, le Roy qu'on a arresté, se iette
à ses pieds, mais il ne le veut point voir, & refuse
mesme sa grace à Albert son frere , qui la demande
à genoux. Le Prince connoit sa faute, & la deteste,
mais son Pere ne se fiant point à ses protestations
commande qu'on assemble le Conseil pour y deli-
berer du chastiment qu'on luy doit faire souffrir,&
se retire laissant Albert, qui tâche de gagner à soy
les Conseillers d'Estat pour faire pardonner à son
frere.

Le Conseil s'assemble où Trebellius prend le
Ciel à tesmoin , que ce n'est pas le desir de regner
qui l'a fait sortir de sa solitude,& qu'il ne veut que
remettre le culte du vray Dieu. On y traite du
chastiment du Prince, qui est condamné à estre
aueuglé. Corbulus est despéché pour faire executer
l'Arrest. Audrophanes le suit pour empescher la se-
dition du peuple , qui tuë Corbulus. Cependant
Trebellius reprend des sentimens de tendresse pour

son fils, lors qu'Androphanes luy vient donner la nouuelle de son aueuglement , & de la constance qu'il à témoignée dans ce supplice. Albert est declaré Roy , & Trebellius retourne dans son desert, tandis que le Prince repentant de sa faute deteste son crime prés de son frere , qui partage auec luy le Royaume.

DESSEIN DES INTERMEDES.

L'Amour glorieux de la victoire qu'il a remportée sur Mars , qu'il a mis à mort auec vne seule de ses flêches, entre auec l'Espée sanglante qu'il luy a ostée , & demande pardon aux destinées d'auoir si tard executé ce coup. Mercure vient de la part des dieux luy donner la joye de sa Victoire,& rendre les derniers deuoirs au vaincu. L'amour y consent à cause des seruices que Mars a rendus à S.M. dans tous ses combats,cependant Mercure fait l'office de Heraut,& regle les ceremonies.Vne troupe de soldats vestus de noir , entre les armes baissées, on porte les vrnes couronnées des quatre fondateurs des Monarchies , qui ont sacrifié leur vie à Mars. La Guerre ferme toute la pompe, portant vn flambeau esteint & renuersé auec vne vrne pleine des cendres de Mars , dont elle déplore le sort, & fait l'Epitaphe en ces vers.

Ergo æternæ oculos Marti preßêre tenebræ,
Atque sinu excepit mortem Deus immortalis!
Huc tantum decreuit numen ! & ordine longo
Pompa præit, mœstósque ciet nox præfica luctus.
Perge Heros, quo fata vocant; mortalibus esto

Cedo

Cede odijs, placidæque modò te subtrahe Paci,
At viuent monumenta tuæ post sæcula famæ,
Et te nobilitas atque ardua pectora flebunt,
Quêis solitus faciles armare in prœlia dextras
Effuso toties tinxisti tela cruore:
Vndè nec occurrit totis vespillō feretris.
Sed genus, & mortis referant hæc marmora causas.

QVI IVRA POPVLIS, IVRA QVI SOLIIS
    DEDIT,
REGVMQVE CAPITI LVSIT IRRISO PRO-
    CAX,
HIC MEMBRA TANDEM MORTE COMPO-
    SITVS IACET,
VIXQVE VRNA TOTIS INVENIT TERRIS
    LOCVM.

Au second Intermede l'Amour inrroduit la Paix,
& la fait monter sur le Trône, d'où elle inuite les
Peuples à la ioye. La Victoire luy amene la Fortune
enchaisnée, & Apollon se voyant déliuré du bruit
des armes, vient pour la couronner : mais la Paix
luy commande de mettre ses couronnes aux pieds
de nostre Monarque, qui est l'autheur de son repos. Elle ordonne, qu'on change les armes en instrumens de chasse, pour ne plus faire de guerre
qu'aux bestes. Les Heros luy font vn Triomphe
pour la reconoître la Maîtresse du Monde.

LA PAIX
DV PARNASSE

Representée par les Humanistes du College de la Trinité à Lyon.

ARGVMENT.

SI le Parnasse auoit ses troubles ainsi que l'Europe, il veut auiourd'huy terminer ses differens tandis que deux grands Monarques font publier auec tant de pompe la Paix & le repos à leurs suiets.

La Poësie ne cessoit depuis long-temps de l'inquieter par des guerres ciuiles, & son ambition qui ne vouloit point souffrir de partage entretenoit dans son cœur vne haine irreconciliable contre l'Eloquence: la bienueüillance d'Apollon & le grand nombre de ses enfans enfloient son courage, & luy donnoient vne belle occasion de chasser tous les Orateurs, pour honorer de leurs charges ses partisans. Dans cette veüe elle entreprend la guerre & donne le defy au party contraire; mais elle ne trouue pas des effeminez. L'Eloquence animée d'vn courage masle dispose les siens a la defense, & par les fortes resolutions qu'elle inspire dans les cœurs de ses enfans elle promet vne sanglante bataille. Apollon estoit trop interessé dans cette querelle pour la laisser aller plus auant, il n'est pas plûtot auerty de leur dessein qu'il cite les parties, & se laissant flechir a leurs larmes il vse de sa clemence & dressant luy mesme les articles de la Paix il merite le nom & la gloire de pacifique.

Le suiet de cette action a esté imprimé en vers
François

François dont ie ne vous donne icy, que la monstre,
qui seruira a faire connoître la viuacité d'esprit de
leur Autheur.

Graces aux immortels, qui d'vn soin pacifique
Font entre deux riuaux vn accord magnifique
Et par des sentimens tout a fait paternels
Vnissent leurs esprits par des nœuds eternels.
Il n'appartient qu'aux dieux qui regissent la terre
D'entretenir la paix au milieu de la guerre;
On ne peut resister a leurs puissans efforts
Qui font de l'vniuers les aimables accords.
On ne parlera plus de soldats sur la terre,
Les chants succederont aux troubles de la guerre:
Le Parnasse va voir vne eternelle Paix
Le suiet de nos vœux & de tous nos souhaits.
Il tournera ses soins a bannir l'ignorance
Qui paroit en nos iours auec trop d'insolence,
Et laissant pour tousiours les mouuemens guer-
     riers
Nous prendrons du repos a l'ombre des lauriers.
La rose sans espine a nos yeux se presente,
Le calme reuenu fait cesser la tourmente,
Nous voyons a present la fin de nos trauaux
Par l'accord impreuû de deux puissans riuaux.
Nous ne penserons plus aux soins de la defense
Nous ne souffrirons plus aucune violence
Et poussant de nos Luths des tons melodieux
Nous ferons retentir le pouuoir de nos dieux.

On a reserué au iour de la Trinité le reste des
reioüissances de nos Muses, & l'on prepare à ce
suiet des Emblemes ingenieux & diuerses pieces
de Poësie.

DESCRI

DESCRIPTION

De l'appareil du College de la Trinité sur le suiet de la Paix.

NOS Muses pour reconnoiſtre nos Magiſtrats, qui ſont leurs fondateurs, & leurs bien-faiteurs ordinaires dreſ-ſent toutes les années vn appareil auſſi ſçauant, & ingenieux, qu'il eſt beau & magnifique. On tend toute la grande cour du College de Tapiſſeries de haute lice, ſur leſquelles on expoſe des Enigmes, des emblemes, & diuerſes ſortes de compoſitions Grecques & Latines, en vers & en proſe. Apres vne Meſſe ſolemnelle a laquelle le R. P. Recteur du College complimente Meſſieurs, qui compoſent le corps de ville, & leur preſente vn flambeau marqué des armes de la ville, & d'vn nom de IESVS dans vne ouale rayonnante, pour les reconnoitre fondateurs de ce College. On leur donne le diuertiſſement d'vne petite action de Theatre dont le ſuiet eſt ordinairement pris des ſingularitez de la ville, des actions les plus glo-rieuſes de ſa Maieſté, ou des plus beaux euene-mens du Royaume. Ainſi nous auons vû depuis quelques années repreſenter *Athenæum Lugdunen-ſe*. L'ancienne Academie de Lion, & ſon autel ce-lebre, que toutes les nations venoient enrichir de leurs vœux, & de leurs preſens. Vne autre fois *la diſpute des plus fameux Colleges de l'Europe*, à qui
receuroit

receuroit le prix d'Apollon estant reconnu le plus
magnifique, & celuy de Lion couronné, qui deposa
sa couronne aux pieds de ses fondateurs. *Le iuge-
ment de l'Empereur Claude Lionnois*, quand pour
terminer le procez d'vne mere ; qui ne vouloit pas
reconnoitre son fils qui auoit long-temps esté éloi-
gné d'elle, il luy commanda de le prendre pour
Mary, & l'obligea par cet acte de prudence à se
declarer sa mere. *Lugdunum gloriæ sedes.* Lion le
siege de la gloire, ou tous les illustres des temps
passez venoient chercher la gloire, qu'ils n'auoient
pû trouuer ny dans leurs voyages, ny dans leurs
estudes. *Le ballet des destinées de Lion*, ou le destin
par le moyen de ses miroirs faisoit voir Lion basty,
Lion restably apres sa ruine, Lion Chrestien, &
Lion François, qui faisoient les quatre parties du
ballet. On a choisi cette année pour dessein *l'Isle
de la Conference*, qui est le plus beau & le plus
propre du temps.

Apres cette action, des Ecoliers de toutes les
classes inferieures leur recitent des Epigrammes
Grecques, Latines, & Françoises, & pendant leur
disner on les complimente en dix ou douze langues
differentes.

Tous les suiets de ces compliments son tirez de
la Paix. Apres vn discours François, qui sert d'explication à tous les autres, dont il expose le dessein.
Le compliment en langue Hebraïque montre les
auantages de la religion dans la Paix. Le Grec les
auantages des Sciences. Le Latin les auantages des
peuples. L'Italien les auantages des Arts. L'Alle-
mand les auantages du commerce. L'Espagnol les

auantages

auantages de la vie ruſtique.   Les vers François la
gloire de noſtre Monarque dans la Paix, les autres
langues expliquent diuers autres auantages.

Les Emblemes ſont diuiſez en trois ordres,& par-
tagez aux trois claſſes de Rhetorique, d'Humani-
té, & de Troiſieme.

Le ſuiet des Emblemes de Rhetorique eſt la
gloire des Sciences reſtablies par la Paix. Il y a ſix
emblemes ſur ce deſſein , le premier eſt general
& porte pour titre.

SCIENTIÆ
PER PACEM RESTITVTÆ.

La Paix introduit toutes les ſciences dans vn
beau temple qu'elle leur à redreſſé, & l'on void la
Philoſophie , la Mathematique, la Rhetorique,
l'Hiſtoire , & la Poëſie , qui ſortent les vnes des
creux des montagnes, les autres du fond des bois,&
qui entrent dans ce temple chargées de tous les
inſtrumens dont elles ſe ſeruent. Le mot qui ſert
d'ame à ce tableau eſt tiré de l'Eneïde de
Virgile.

Sedes ibi fata quietas oſtendunt.

& la peinture eſt expliquée par ces vers peins
dans vne grande cartouche faite de cornes d'abondance d'ou ſortent des fleurs & des fruits auec
des branches d'oliuier entrelaſſées à la couronne
de France.

Hoc vobis ſurrexit opus, ſuccedite teͨtis,
  Quæ modo virgineo ſunt ſatis apta choro.
Expeͨa a diu ſedes ibi fata quietas
  Oſtendunt;procul hinc terror,& hoſtis erunt.

I I.

II.

LA PHILOSOPHIE.

PHILOSOPHIA
RESTITVTA PER PACEM.

La Paix diſſipe les broüillas, & les nües, qui couuroient le Ciel,& fait paroitre les eſtoiles,& la voye de laiɔt par laquelle des Philoſophes, & des Heros montent dans le Ciel, tandis que la Philoſophie appuyée ſur vn globe conſidere les aſtres, que la Paix luy montre en luy diſant par vn rouleau, qui fait la deuiſe de ce tableau.

Cœlo ſpeculare ſereno.

Les vers qui accompagnent le tableau ſont ceux-cy auec les meſmes ornemens que les autres.

Alma parens rerum cœlo ſpeculare ſereno.

Purius & nitido tramite Phœbus eat.

Semita nunc melior ſapienti aperitur olympi,

Dum pro ſanguineâ laɔtea pacis erit.

III.

LA MATHEMATIQVE.

MATHESIS
PER PACEM RESTITVTA.

La Paix commande a de petits amours de changer des armes en inſtrumens de Mathematique. L'vn fait vne regle d'vne pique, vne lunette d'vn canon de mouſquet, vn quart de cercle d'vn hauſſecol, vn compas de deux eſpées, &c. La deuiſe eſt.

Materies

Materies eadem sub formâ dispare.

Pour dire , que les armes , qui ont entretenu la guerre, ont esté la matiere de la Paix, en obligeant l'ennemy de la receuoir. C'est ce que ces vers disét.

Festinate mei pensum iam reddere Amores,
Regula sit per vos hasta quod ante fuit,
Materies eadem sub formâ dispare ; *bello*
Gaudia quæsitæ quam propè pacis erant!

IV.

L'ELOQVENCE.

ELOQVENTIA
RESTITVTA PER PACEM.

L'Eloquence tient les peuples enchaisnez par les oreilles , comme la fable a feint que l'Hercule Gaulois les tenoit, & la Paix luy presente de sa part des cœurs enchaisnez. La deuise.

Quis vincla recuset?

Ces chaisnes sont si belles qu'il n'est personne, qui ne face gloire de leur immoler sa liberté. C'est ce que disent les vers suiuans.

Libertas sine sorte perit : discrimine nullo
Flexanimæ accipiunt diues inópsque iugum.
Quis tamen auertat collum. Quis vincla recuset?
Vincula quin imò tam pretiosa placent.

V.

L'HISTOIRE.

HISTORIA
RESTITVTA PER PACEM.

La Paix voyant les statuës de tous les Heros des
temps

temps passez abbatuës & froissées commande aux
Mules de les redresser, elles trauaillent toutes neuf
dans deux grands portiques, l'vne reioint les pieces éparses de l'image de Cesar, vne autre remet à
celle d'Alexandre vn bras, tandis que sa compagne
ramasse la teste de l'image de Cyrus : quelques
autres regrauent des inscriptions demy effacées,
& la deuise explique le dessein de la Paix.

Substituam quodcumque deest.

qui est encore mieux exprimé par ces vers.

Iam turpes coëant labes, natisque legenda
Altius accipiat nomina magna silex.

Substituam quodcumque deest : *quod prisca ne-*
garunt
Secula , nunc melius , tu Lodoïce *dabis.*

Sa Maiesté doit acheuer tout ce qui manque de
lustre a l'Histoire.

V I.
LA POESIE.
POESIS
RESTITVTA PER PACEM.

La Paix redonne à Apollon sa lyre, & foule aux
pieds des Trompettes , & des Tambours cassez.
Mars & Bellonne sont cependant enchaisnez a des
oliuiers aupres d'vn tas de leurs armes rompuës.
La deuise conuient a la lyre renduë.

Silentibus armis consonat.
EPIGRAMME.
Plaudite Pierides, & aprici gramine campi
Mollia suspenso membra mouete pede.
Tangit Apollo chelim, quæ nunc torpentibus armis

Confonat , & numeris tinnula quemque
trahit.

LE SVIET des Humaniftes eft l'vtilité des
Arts dans la Paix reprefentée par onze Emblemes,
dont le premier explique en general le deſſein &
porte pour titre.

ARTES PACI VECTIGALES.

La Paix affiſſe fur vn Trône reçoit les hommages de tous les Arts, qui viennent s'offrir a elle,
& luy temoigner leurs reconnoiſſances. Ces Arts
font la Peinture, la Sculpture, l'Architecture, l'Agriculture, l'Imprimerie, &c. La deuiſe enfeigne, que
leurs refpets ne font pas feulement exterieurs,
mais qu'ils partent du cœur, & ce mot Equi-
uoque

EX ANIMO

montre, que comme c'eft l'ame, qui eft l'Intelligence, qui donne le mouuement a tous les Arts, elle
rend temoignage, que les deuoirs qu'ils rendent à
la Paix font fans artifice. Ce que cette Epigramme
exprime encore plus galamment.

Quælibet Ar proprio veneratur munere Pacem,
Abſtruſáſque diu fundere gaudet opes.
Ex Animo *famulans, dum vectigalia diua,*
Ars iniuſſa refert, Ars procul omnis abeſt.

II.
L'INDVSTRIE.
INDVSTRIA PACEM ORNAT.

Les Arts inuitez par l'Induftrie peichent dans
vne

vne mer calme, des perles, du corail, & des pierreries, dont ils font des guirlandes pour parer la Paix.
La deuiſe nous apprend que la Paix ne ſouffre
point d’autres larmes dans le monde, que celles de
l’Aurore, qui font des perles dans les nacres,& des
fleurs dans les Iardins.

Hæc vna eſt lacryma terris.

& l’Epigramme nous apprend la ioye, que ces larmes doiuent cauſer.

Proh ſuperi! quanto lacrymarum fonte madebat
  Bœtica, quot gemitus Gallia noſtra dabat!
Vnio iam ſupereſt. Hæc vna eſt lacryma terris.
  Et collo & manibus dulcia vincla parat.

III.

L’AGRICVLTVRE.

AGRICVLTVRA PACI VECTIGALIS.

On oſte a des Heros leurs couronnes de laurier
pour leur mettre des guirlandes d’Oliue, d’vn autre coſté des genies forgerons changent des armes
en inſtrumens d’Agriculture, tandis que la Paix reçoit les hommages de Flore & de Pomone. La deuiſe montre les obligations que ces deeſſes ont a
la Paix.

Quod necuit vitam præbet.

& cette Epigramme luy ſert d’explication.

Tranſadigit telum mortalia viſcera, & auſus
  Indignata, rubro tramite vita fugit.
Quod necuit vitam præbet: modo vomere Arator
  Dum fodiet vitam, vulnera milla, dabit.

IV.

LA CHASSE.

VENATIO PACIS.

Des Amours chaſſeurs tendent des pieges dans
vn bois d'oliuiers, & prennent le Repos endormy
ſous vn de Ces arbres, ils le menent en triomphe
dans vne ville, qui paroit en eloignement. Les ha-
bitans en ſortent en foule pour receuoir ce beau
captif. La deuiſe enſeigne qu'il faut de l'eſprit, &
de l'addreſſe dans cet exercice de la Nobleſſe, &
qu'il n'en a pas moins fallu dans la Paix.

Eſt opus ingenij.

c'eſt ce qu'expliquent auſſi ces quatre vers.

Quæ verè inſanas voluit componere lites
  Gallia Pacificas, itque reditque vias.
Eſt opus ingenij, *non eſt pax empta cruore,*
  Aſt ſeſe, variis artibus acta dedit.

On void bien que l'Autheur veut faire alluſion
a la Prudence, & a la conduite de ſon Eminence,
dans toutes les conferences, qui ſe ſont faites pour
ce traité.

V.

LA PEINTVRE.

PICTVRA PACIS.

Le fond du tableau repreſente l'attelier d'vn
peintre, ou l'on void quantité d'esbauches, de modelles, & de crayons. La peinture tenant ſa palette
& ſes pinceaux en mains fait le portrait de la Paix
aſſiſtée

aſſiſtée der graces qui broyent les couleurs. La deuiſe s'applique a la Paix.

Color eſt è pluribus vnus.

EPIGRAMME.

Deſine terrificos pictor miſcere colores.
Deſine ſanguineis dedecorare notis,
Exemplar ſit ſola quies, è pluribus vnus
Eſt color : vt multo è pectore pectu: erit.

VI.

L'ARCHITECTVRE.
ARCHITECTONICA
PACI TEMPLVM STRVIT.

Des Amours Architectes battiſſent le temple de la
Paix ſur le modele de celuy de Salomon, & trauaillent a des chiffres d'L. & de T. couronnez & entre-
laſſez a des guirlandes d'oliuier & a des fleurs de
lys meſlées a des Lions & a des chaſteaux pour
faire les ornemens des friſes & des chapiteaux. La
Paix preſide a tout l'ouurage qui ſe fait ſans bruit,
c'eſt auſſi ce que la deuiſe exprime.

Labor abſque tumultu.

L'Epigramme fait alluſion a Amphion, qui ba-
ſtit au ſon de ſa lyre les murailles de Thebes, & dit
que l'amour fait la meſme choſe que ce muſicien.

Malleus haud curæ eſt, dum templum Pacis ad
  aſtra
  Euehit Amphion, qui fuit alter, Amor.
Erigit vnus Amor; labor eſt hinc abſque tumultu.
  Quod placidè ſtructum eſt, ſæcula vincet opus.

On a voulu faire alluſion a ſa Maieſté ſous l'Em -

B iij

bleme de Salomon dont le nom ſignifie vn Prince
Pacifique,comme entre les ornemens du temple de
Ieruſalem il y auoit des guirlandes d'oliue, des lys,
& des Lions.

VII.

L'IMPRIMERIE.
TYPOGRAPHIA
PACI VECTIGALIS.

C'eſt vne chambre d'Imprimerie ou l'on trauaille à l'honneur de la Paix. Le trauail tient la Preſſe,
Minerue compoſe, la Memoire diſtribuë, & le Iu-
gement corrige les épreuues, tandis que l'Imprimerie dont la robbe eſt toute ſemée de caracteres
preſide à tout le trauail. La deuiſe s'applique à
l'ancre de l'Imprimerie, & aux mauuais temps, qui
ont precedé la Paix.

Venit à Nigredine ſplendor.
EPIGRAMME.
Sanguineum dederat rabies male ſana colorem,
Nobilitas animi quò monumenta daret.
Nunc melior clarâ venit à Nigredine ſplendor
Fœdatur rubeis nec modò charta notis.

VIII.

LA MVSIQVE
DVCES OTIOSI PACIS
LAVDES CARMINE CELEBRANT.

Quatre ſoldats de diuerſes nations chantent en
partie,

partie, tandis que la Paix bat la mesure auec vn
sceptre. On void vn tas de Tambours,& de Trompettes muettes en vn coin du tableau.   La deuise
nous enseigne, que comme le concert & l'harmo-
nie se compose de voix differentes, de mesme les
François & les Espagnols dont les humeurs ne sont
guere sympathiques ne laissent pas d'estre d'accord.

Discordia Concors.

EPIGRAMME.

*Non aures tormenta mouent, modò buccina, &
    omnis*
  Armorum strepitus pace canente silet.
Nunc cœlum meliora,duces Dilcordia concors
  Dum facit vnanimes carmine,corda ligat.

IX.
L'ART DE NAVIGER.
ARS NAVTICA
PACI VECTIGALIS.

Ce tableau represente vne mer calme, & vn
grand rocher auquel les vents font enchaisnez par
Eole,le seul zephir couronné de roses est en liberté,
& pousse doucement vn vaisseau, qui porte le pa-
uillon de France, la Paix en tient le gouuernail, &
le dresse pour prendre port sur vne coste d'Espagne,ou des Espagnols l'attendent auecque ioye.La
deuise est propre du vaisseau, qui vnit par ses cour-
uées les prouinces que les mers diuisent, & qui en
ce sens est le symbole de la Paix.

Copula Regnorum.

EPIGRAMME.

Ite rates, rabidum pax vobis mitigat æquor,
Æoliúmque genus sub pia iura trahit.
Iam discrimen erit, maris in discrimine nullum,
Certáque Regnorum Copula fluctus erit.

X.

LE COMMERCE.

NVNDINÆ PACIS.

Cet Embleme represente vne foire ou toute
sorte de nations trafiquent, on y vend des choses
propres à la Paix, des caualiers marchandent des
Luths & des Guiterres, on y achepte des cœurs
d'or & d'argent, & la Paix donne des passe ports,
en vn coin du tableau se void vne ville en eloignement auec vn bras de mer, & vn port ou abordent
des vaisseaux chargez de marchandises. La deuise
conuient à la Paix.

Facit hæc commercia mundo.

EPIGRAMME.

Arma procul, procul exuuiæ, cum Marte tropœa
Omnia, sunt diris vsque pianda rogis.
Corda emite, Hæc omni faciunt commercia
mundo
Pax & amor; pretij nunc melioris erunt.

LES TROISIEMES ont pour suiet les Vertus
tributaires à la Paix, qui les a restituées, & leurs
Emblemes portent pour titre general.

VIRTVTES

VIRTVTES
PER PACEM RESTITVTÆ.

Le premier tableau represente le dessein general de tous les Emblemes. C'est l'Isle de la Paix qui se fait connoitre par des Oliuiers, des cornes d'Abondance des fleurs, & des fruits. Quatre Amours en tiennent les auenuës, l'vn se ioüe auec les Alcyons, l'autre pesche des perles, tandis que l'vn de ses compagnons diuertit les poissons au son du Luth, & qu'vn autre pesche des Dauphins. Au milieu de cette Isle le Roy & la Reine vnissent deux demy couronnes qu'ils offrent au Ciel pour en obtenir la Paix, qui leur paroit accompagnée de l'Abondance & de la Felicité auec tous les symboles des vertus, qu'on void desarmées a la porte d'vn temple: cette Isle represente celle des conferences, qui porte depuis la conclusion du traité, le titre glorieux d'Isle de Paix.

Tous ces Emblemes sont dediez aux Princes, qui ont contribué à la Paix, & aux corps les plus illustres du Royaume, celuy-cy est particulierement consacré au Roy & à la Reyne future, mais comme il tient lieu d'Enigme le sens particulier, que l'Autheur luy donne est encore secret, & les vers qui accompagne le tableau ne paroissent pas si tost.

I I.

Le second tableau est dedié a sa Maiesté sous ce titre.

LVDOVICO ADEODATO.

VIRTVTES
PER PACEM. RESTITVENTI.

Le Roy couronné des Lauriers qu'il a moiſſonnez dans ces dernieres campagnes, paroit entre deux
pyramides que la gloire luy a dreſſées & s'auance
pour fermer le temple de la guerre, tandis que les
vertus luy font hommage, & luy preſentent chacune leur ſymbole particulier. La deuiſe nous
aſſeure, qu'il ouure le Ciel en fermant le temple
de Ianus.

Claude templum, & cœlum aperis.
EPIGRAMME.
Claude triumphali feralia limina dextrâ,
  Sanguineum æterno carcere claude Deum.
Hâc Lodoïce *cadent virtutum vincula dextra:*
  Clauáque iam monſtris hæc, tibi clauis erit.

A peine ce temple à commencé d'eſtre fermé,
que l'hereſie a reſſenti les premies coups de noſtre
Hercule, & ſi ſon victorieux Pere a pris autre
fois la maſſe pour deuiſe auec ce mot.

Erit hæc quoque cognita monſtris
Ce Prince Pacifique n'en fera pas moins ſentir la
peſanteur à cette hydre.

III.

LA CHASTETE.

Le troiſieme eſt dedié à l'Infante ſous ce
titre.

NOBILISS.

NOBILISS. INFANT. HISPAN.
Reginæ futuræ.

CASTITAS IN PACE FLORENS.

La Chasteté paroit assisse sous vn oliuier au milieu d'vn beau parterre remply de fleurs, elle tient
vn gros faisseau de lys, tandis que de petits amours
font vne haye à ce Iardin, des armes dont on s'est
serui à faire la guerre. L'vn plante vne pique, l'autre estend vn estendard, & les autres fichent des
espées & des lances en terre, les abeilles nichent
dans vn casque qui leur sert de ruche. La deuise
montre assez que les armes ne sont pas faites pour
la defense de la Chasteté, & que iamais elle n'est
plus afsûrée, que lors que les armes ne sont pas en
vsage.

Tuta iacentibus armis.
EPIGRAMME.
Gallica Virgineo florescent lilia cultu,
  Hæc circum pueri languidus ensis eat,
Defixæque hastæ, telluris inutile pondus,
  Hoc cultu, his septis lilia tuta magis.

IV.
LA PRVDENCE.

Le quatrieme tableau represente la prudence de
son Eminence a qui il est dedié sous ce titre.

E MINENTISS. CARD. MAZARINO.

PRVDENTER PACEM SANCIENTI.

La Prudence arreste la roüe de la Fortune, sur laquelle

quelle est placée la Victoire tenant des lys en main.
Cependant la Force attaque à main armée des villes gardées par vn Lion, mais la Prudence luy
montre que la Victoire a des aisles au dos,& comme cette vertu fait connoitre qu'elle est vne vertu
Cardinale par vn chapeau rouge qui est à ses pieds,
elle fait aussi connoitre qu'elle est pacifique estant
couronnée par la Paix mesme,qui descend du Ciel.
La deuise est vne sentence,

Melior est certa Pax, quam sperata victoria.

EPIGRAMME.

Expectata venit lento victoria gressu,
  It pennâ leuior, labiliórque rotâ.
Cauta rotam figit metuens Prudentia casus,
  Certáque quam dubijs sint potiora docet.

La roüe de la Fortune arrestée par vn faisseau
Romain, qui est la piece principale du blason de
S.E. montre que c'est sa Prudence qui affermit nô-
tre bon-heur.

V.

LA FORCE.

Le cinquieme tableau est dedié à la valeur de
Monsieur le Mareschal de Turene general de nos
troupes en Flandres, sous ce titre.

FORTISSIMO EXERCITVVM DVCI.

POLEMARCHO TVRENIO.

Hercule couché sous vn palmier lasche vn Lion,
& vne couleuure qu'il tenoit captifs,tandis que de
petits amours le desarmét,& changent sa couronne
de Laurier en vne couronne d'Oliuier. La Paix
que cet Heros regarde auec respet luy presente vne
chaisne

chaiſne d'or qu'il reçoit volontiers tandis qu'elle brûle ſes armes qu'vn amour à briſées. La deuiſe fait aſſez voir, que l'amour eſt à preſent le ſeul triomphateur a qui il eſt permis d'eſtendre ſes conqueſtes, & s'il a deſarmé ce chef de nos armées, ce n'eſt qu'apres qu'il à faict tomber les armes des mains de noſtre Monarque.

Vincit inermis amor.

& l'Epigramme montre aſſez, quel eſt le merite de cet Heros, que nous repreſentons ſous la figure d'Hercule.

Hiſpani Alcidem quondam hunc timuêrꝛ Leones,
   Quem puer Aſtræa vincit inermis amor.
Eripit hic laurum, Palmis hunc obruit ille,
   Ne gerat æternùm Tertius arma cremat.

V I.

LA TEMPERANCE.

Ce tableau eſt dedié à la Nobleſſe Françoiſe, qui a ſerui le Roy dans ſes armées.

INVICTISS. GALLIÆ HEROIBVS.

A VICTORIA

SIBI TEMPERANTIBVS,

Des Heros paroiſſent ſous des Lauriers ou la Victoire leur preſente des villes auec vn Lion enchaiſné; mais la Paix attire leurs regards & chacun d'eux luy tend la main pour receuoir des branches d'Oliue, & des Eſpics qu'elle leur preſente. Il n'y a que ce mot pour deuiſe.

Satis.

EPIGRAMME.

Bellorum ſatis eſt, fuſi ſatis enſe cruoris,
   Quâ gens cumque patet, clamat vbique Satis.

Sed

Sed dum protrudit suppiex victoria palmas,
Quæ, nisi Gallorum dixerit vlla Satis?

VII.
LA IVSTICE.

Le septieme est dedié aux Magistrats, qui rendent la Iustice sous ce titre.

INTEGERRIMIS SACRÆ
Themidis Antistitibus.
IVSTITIA
PER PACEM RESTITVTA.

La Iustice descend du Ciel auec sa balance d'ou
tombent des richesses sur vne foule de peuples. La
Paix luy met en main l'espée qu'elle vient d'oster
à Mars qui est enchaisné a vn trophée fait de ses
propres armes. La deuise explique assez, que cette
espée ne peut pas estre mise en de meilleures
mains, que celles de la Iustice, qui ne s'en sert qu'à
propos.

Æquiùs hoc vsura.
EPIGRAMME.

En cecidit tandem proprio Mars impius ense
Cœpitque à Domino mucro ferire suo.
Æquiùs hoc vsura Themis, dum iura reponet.
Mars pereat, mundus, quo periturus erat.

VIII.
LA FOY.

Ce tableau est dedié aux Cheualiers des ordres du
Roy, qui sont les defenseurs de la Foy.

CHRISTIA

CHRISTIANIS MILITIBVS
bella pro fide gesturis.

FIDES
POST PACEM TRIVMPHATVRA.

La Foy chasse l'Heresie, & l'Impieté de leurs temples d'ou l'on void sortir des serpens. La Paix luy met le casque en teste, & l'espée en main pour aller combattre les ennemis de l'Eglise. La deuise luy enseigne quelles guerres elle doit entreprendre.

Pia bella supersunt.

EPIGRAMME.

Vertite victrices Caluini in viscera dextras,
Concordi discors hæresis ense cadat.
Vertite concordes Turcarum in cornua turmas
Vna hæc pacificis sunt pia bella super.

IX.
L'ESPERANCE.

Cet Embleme est consacré au bon-heur de la France, comme son titre le montre.

GALLIÆ FELICITATI.
SPES
PER PACEM CORONATA.

L'Esperance paroit sur la proüe d'vn vaisseau dont les voiles sont pliées, & dont l'anchre est ietté. Elle a les yeux leuez au Ciel d'ou la Paix descend portant d'vne main vne couronne d'Oliuier, & de l'autre luy montrant la constellation du Dauphin, cependant les Tritons sonnent de leur conques marines, & deux amours tirent de l'eau vn Dauphin

qu'ils

qu'ils mettent à la poupe, pour eftre le figne ou le *Dieu conduit* du vaiffeau. La deuife fe rapporte à la conftellation du Dauphin.

Hoc refpicit vnum.

Comme les autres vaiffeaux reglent leur route fur l'afpect de l'ourfe, l'Efperance ne regle la conduite du fien que fur les fauorables afpects du Dauphin Celefte, qui luy en promet vn pour la France.

Delphini placidos præbent difcrimina portus,
Blanditúrque illi cùm furit vnda magis.
Fluctibus in mediis Sidus dum Refpicit vnum
Gallica Spes tumidis eft mage tuta vadis.

X.

LA RELIGION.

Cette vertu, qui fait l'ornement du Clergé eft confacrée à cet Augufte corps en cet Embleme fous ce titre.

SACRIS SANCTÆ ECCLESIÆ
Præfulibus.

RELIGIO
PER PACEM RESTITVTA.

La Religion purifie vn temple portant d'vne main vn flambeau allumé, & de l'autre vn encenfoir dans lequel la Pieté met des charbons, qu'elle tire du feu, que la Paix à mis à vn trophée d'armes. La deuife montre, que les chofes les plus profanes peuuent feruir aux myfteres facrez, quand la religion les a purifiées.

Et profunt impia facris,

On void affez quelles allufions on a voulu faire

en cet Embleme, puisque si l'Eglise naissante consacra les temples des fausses diuinitez en Eglises apres la ruine de l'Idolatrie, on peut faire seruir ceux des Caluinistes à nos vsages sacrez.

EPIGRAMME.

Non opus huc Arabes mittant sua Thura Sabæi
　Hic meliore placet fumus odore polis.
Impia sic profunt sacris altaribus arma,
　Quæ nocuere aris integra, trunca piant.

XI.
LA CONCORDE.

Ce tableau represente l'vnion des peuples, à qui il est dedié.

ÆTERNÆ POPVLORVM
Concordiæ.
CHARITAS
PER PACEM RESTITVTA.

La Concorde tient d'vne main vn Lion, vn Aigle, & vne couleuure enchaisnez, & de l'autre vn foyer sacré ou tous les peuples apres auoir quitté les armes, apportent leurs cœurs, pour les ioindre en vn au feu de l'amour. L'habit de cette vertu est semé de Grenades qui sont les symboles de la concorde des peuples. La deuise est prise de l'histoire de l'Eglise naissante decrite dans les Actes, ou il est dit que les premiers Chrestiens n'auoient qu'vn cœur.

Cor vnum.
EPIGRAMME.

Quam benè concordi coëunt animalia vinclo!
　Istis conflantur quam benè corda regis.
Aurea primæui redeunt nunc sæcula Petri,
　Córque vnum in multis est benè corporibus.

C

XII.
LA VIGILANCE.

Il eſt iuſte que nos Magiſtrats,qui ont touſiours entretenu la Paix de cette ville, & qui l'ont publiée auec tant de pompe,ayent part à nos reconnoiſſances. C'eſt pour ce ſuiet que ce tableau leur eſt conſacré ſous ce titre.

NOBILISSIMIS VIRIS Mercatorum Præpoſito & Conſulibus.

PAX LVGDVNENSIS EORVM VIGILANTIÆ VECTIGALIS.

Cet Embleme repreſente vn Iardin ſemblable à celuy des Heſperides au milieu duquel Hercule qui repreſente la Maieſté fiche en terre ſa maſſe, qui ſe change en vn Oliuier, qui eſt le ſymbole de la Paix. Vne Nymphe qui repreſente la ville eſt aſſiſe ſur vn Lion qu'elle careſſe à l'ombre d'vn Pómier,& d'vn Cheſne. Ce Iardin eſt biế paliſſadé, & l'entree eſt munie d'vne haute Tour ſur laquelle ſont placées les armes de la maiſon de Neuf-ville Villeroy,comme ſauuegarde du lieu. Saint Michel protecteur du Royaume en garde l'entrée, & tuë vn Dragon, qu'il tient ſous les pieds, qui repreſente la guerre ciuile. L'eſprit de l'Autheur de ce tableau paroit en l'addreſſe qu'il a eu d'vnir en vn deſſein les armes de tous nos Magiſtrats. Car le Pommier eſt vne piece des armes de Monſieur le Preuoſt des Marchands,qui porte de gueules à l'Arbre d'or accollé d'vn ſerpent de Sinople & accoſté de deux Eſtoiles d'or, la pointe de l'Eſcu chargée d'vn croiſſant d'argent.

La

La Paliſſade eſt faite en partie de pieces miſes en bande, qui repreſentent les bandes des armes de Monſieur Mazenod premier Eſcheuin, qui porte d'Azur a trois molettes d'or au chef d'argent chargé de trois bandes de gueules.

Le Cheſne & le Lion font les armes de Monſieur Rougier ſecond Eſcheuin, qui porte de gueules au Cheſne d'or ſoutenu d'vn Lion ſur vne terraſſe, & addextré d'vne eſtoile le tout d'or.

Vne partie de la Paliſſade eſt auſſi faite de Pieux, & de pieces miſes en cheuron, qui repreſentent les armes de Monſieur Michel troiſieme Eſcheuin, qui porte de gueules au cheuron d'or ſoutenu d'vn pal de meſme ; au chef couſu d'Azur chargé de trois eſtoiles d'or.

La Tour eſt vne piece des armes de Monſieur Ferrus quatrieme Eſcheuin, qui porte d'Azur à la Tour d'argent eſleuée ſur vn rocher d'or, & ſurmontée d'vne croix de gueules accompagnée de deux branches mouuantes de ladite Tour, l'vne de Laurier, & l'autre de Palme, le tout d'or.

Les armes de Monſeigneur le Marechal de Villeroy, qui ſont d'azur au cheuron d'or accompagnées de trois croix ancrées de meſme ſont ſur la porte. Et la croix dont S. Michel eſtouffe le Dragon exprime fort bien les ſoins de Monſeigneur l'Archeueſque a detourner les maux de la guerre ciuile, que les autres villes ont reſſentis.

L'Epigramme temoigne l'obligation, que nous auons aux ſoins de ces incomparables Magiſtrats, & la deuiſe le dit aſſez en peu de mots au nom de cette ville.

Preſidijs his tuta fui.

C ij

EPIGRAMME.

Nùm mirum est, totum furerent dum bella per
    orbem,
  Semper ego stabili pace quieta fruor?
Præsidiis his tuta fui : sique orbis habere
  Præsidium hoc poterit, tutus & orbis erit.

XIII.

L'AMOVR DES SCIENCES.

Ce dernier tableau est dedié a la ieuneffe, que
nous inftruifons, & les Mufes, qui connoiffent les
auantages qu'elles reçoiuent de la Paix en temoignent leurs reconoiffances en cet Embleme, qui
porte pour titre.

STVDIOSÆ IVVENTVTI
Lugdunenfi lauro deinceps Coronandæ.
AMOR STVDII
IN PACE VIGENS.

Ce tableau fait voir la façade du fuperbe hoftel
de Ville ou les neuf Mufes font placées en autant
de Niches. Apollon eft à l'entrée, & prefente
des couronnes de Lauriers, que les Mufes ont tif-
fuës, qui en tiennent auffi plufieurs dans leurs
bras. Vne Dame affife fur vn Lion reprefente la
ville, & rompt les branches d'vn Laurier demy
ebranché dont elle fait des couronnes à la Ieuneffe
de Lion. On ne void au tour d'elle que des liures
couronnez de Lauriers;& le Lion,qui femble eftre
attentif au fon du Luth d'Apollon, repofe fur des
liures & en tient vn entre fes dents. Vne Bellonne
defarmée confidere auec des yeux d'ennie le nou-
uel vfage de ces Lauriers, & quitte fa couronne
qu'elle eft obligée de mettre fur vn liure.La deuife
explique

explique nettement , que le Laurier dont Apollon
fut le premier inuenteur ne doit plus couronner,
que ses nourrissons.

Iam Phœbo seruiet vni.

EPIGRAMME.

Mittere bella iuuat nullos habitura triumphos,
   Quando triumphantes laurea nulla manet.
Sat tibi Mars laurus. Iam Phœbo seruiet vni.
   Bella dehinc calamo, non placet ense geri.

ON expose encore quelques autres Emblemes tirez de l'histoire Sainte, ou de l'histoire Profane, qui
n'ont qu'vne simple deuise, sans aucuns vers, qui
les expliquent.

Le premier est l'histoire du festin de Balthasar
tirée de la Prophetie de Daniel. On void vne main,
qui ecrit d'vn doigt sur la muraille de la Sale ou
disnent les grands de la Court auec Balthasar, & le
mot de ce tableau est *Index est vindex.* Cette main,
qui ecriuit la sentence de mort contre ce Roy Im-
pie represente vne main plus fortunée, qui en
signant le traité de Paix nous à deliurez de tous les
maux que nous auions suiet de craindre. *Index est
vindex.* Les trois mots qui furent ecrits par cette *Mane The-
cel. Phares.*
main fatale s'appliquent fort bien au suiet de la
Paix, & nous pouuons dire, que celle qui l'a signée
à supputé, & pesé les interests des deux couronnes
& partagé leurs droits pour la restitution des
places.

Le second tableau est l'histoire de Loth, qui sort
de Sodome qui paroit toute embrasée, & la deuise
est celle-cy. *Seruauit seruata fides.* Sa fidelité a executer les ordres de l'Ange le sauua, & la sincerité
de l'Espagne a garder les articles du traité l'a deli-

urée de l'embrafement des guerres, qui la menaçoit
de fa ruine.

Le troifieme reprefente fous l'hiftoire du Pro-
phete Elifée, qui fit deuorer par des Ours les enfans, qui l'iniurioient, les peines que l'on commence à faire fouffrir à l'herefie, qui manquoit de ref-
pet pour nos ceremonies : & la deuife du tableau
conceüe en ces mots, *Penna Deo, fit pœna Reo*, apprend que la plume qui a figné le traité en defendant la caufe de Dieu deuiendra le fupplice des
criminels.

Le quatrieme eft de la prife de Ierico par Ge-
deon au fon des Trompettes, & des pots caffez dans
lefquels les foldats portoient du feu. auec cette deuife. *De Fractâ fupereft lux.* En fin les conferences
acheuées ont enfanté des lumieres, qui nous rendét
la ferenité, & ce traité qui a efté fi long temps fecret
à donné l'epouuante aux ennemis du nom Chre-
ftien, quand ils en ont oüy la renommée reprefentée par le fon des Trompettes.

Le cinquieme reprefente fous l'hiftoire du Martyre des Machabées, la generofité de la Nobleffe
Françoife qui a donné fon fang & facrifié fa vie
pour le repos de l'Eftat, & pour maintenir la gloire
& la reputation de fa Maiefté, les couronnes que
des Anges tiennent en l'air fontles couronnes, que
la gloire leur a tiffues & dont elle couronne à pre-
fent leurs cendres, pour reconnoitre leurs feruices
& fe confoler de leur perte par cette efpece de
triomphe.

Le fixieme reprefente vn Prelat fur le trône, qui
reçoit les hommages de la Force & de la Iuftice.
Le Rofne & la Saone reprefentez dans vn coin du
tableau

tableau aupres d'vn Autel montrent affez que ce
Prelat eft Monfeigneur noftre Archeuefque , qui
ioignant la qualité de Lieutenant de Roy à celle de
Prince de l'Eglife reçoit les foumiffions des Magiftrats de cette ville defignez par ces deux vertus,
dont ils maintiennent l'authorité. L'Autel eft l'I-
mage de l'ancien autel d'Aifnay celebre dans les
hiftoires Grecques & Romaines, nos deux riuieres
s'vniffent en ce mefme lieu & reconnoiffent Monfeigneur l'Archeuefque fous les trois qualitez qu'il
poffede d'Archeuefque , de Lieutenant de Roy, &
d'Abbé d'Aifnay.

Le grand tableau du milieu eft l'hiftoire de Co-
riolan flechy par les larmes & les prieres de fa Mere
& de fa femme. Ce braue Capitaine , qui rend les
armes nous reprefente fa Maiefté à qui la Reine &
l'Infante ont fait tomber les armes des mains en vn
temps ou la Fortune & la Victoire fembloient eftre
a fes gages.

Les Enigmes que l'on propofe font des tableaux
dont le fens eft enueloppé de fymboles difficiles a
debroüiller,& ces Peintures ont des fuiets particuliers,dont les Autheurs fe referuent la connoiffance.
Il eft pourtant libre à chacun d'en entreprendre
l'explication , & fouuant ces pieces font naiftre des
difputes fçauantes,ou l'on a occafion de debiter les
remarques les plus curieufes de la Critique , & de
l'hiftoire Grecque & Latine. On en propofa l'année paffée vne fort belle de l'Iris fous l'hiftoire d'E-
fther profternée deuant Affuerus , qui reprefentoit
le Soleil. Cette Reine eftoit courbée pour montrer
que l'Arc-en-ciel eft fait en Arc, dont il a pris fon
                              nom.

nom. Elle estoit vetuë des couleurs de ce Meteore,
& le Sceptre dont Assuerus la touchoit representoit le Rayon du Soleil. Ainsi autre fois la fable des
enfans de Niobe tués à coup de fleche par Apollon
& par Diane representoient l'Eloquence & ses
mouuemens eneruez par les pointes, qu'on a mes-
lées dans les discours. Le Martyre des Machabées
à representé les Heresies, dont l'Eglise a esté souuent deschirée. Ie reserue à vne autre fois vne iuste
dissertation de la nature de l'Enigme, de ses especes
differentes, de la maniere de les faire, & de la façon
de les expliquer.

Il faudroit faire vn gros Volume, si ie voulois ra-
masser toutes les compositions Grecques, & Latines, en Prose & en Vers, qui seront affichées dans
des Cartouches de fleurs, de guirlandes, de lauriers,
de fruits, & de diuerses autres manieres. C'est là que
l'Esprit à de quoy se satisfaire par la lecture des
Odes, des Epigrammes, des Silues, des Poëmes, des
Eloges, des Inscriptions, & de cent autres choses
semblables.

L'ISLE

L'ISLE
DE PAIX.
REPRESENTATION
HEROIQVE.

*Faite le 23. May, dans le College de la tres-sainte
Trinité de la Compagnie de IESVS.*

OVVERTVRE.

'HYMEN, entre portant vn flambeau
entouré d'oliue, & apres auoir fait le
recit fait parétre la face du Theatre,
qui represente l'Isle fortunée, à qui
l'Alliance des deux Couronnes, donné
le nom glorieux, d'ISLE DE PAIX. C'estoit à
l'Amour, à faire la découuerte d'vn païs, qui auoit
demeuré iusqu'à present inconnu, & qui sera doref-
nauant, plus celebre dans nos Annales, que sur la
Carte. Les Rochers qui la flanquent, & le Ruif-
seau qui l'entoure, representent les Pyrenées, & la
Riuiere de *Bidasso*.

Conduite de la Representation.

La Piece est diuisée en cinq Parties; dont la 1.
represente les Presages de la Paix.. La 2. les Mer-

D

ueilles de l'Ifle de Paix.La 3.Les Empreffemens des
Dieux à trouuer cette Ifle,dont les Oracles ont publié les merueilles, & à faire reüffir l'entreprife
d'vnir les deux Couronnes. En la 4. Les Genies de
Lyon,qui reprefentent nos Magiftrats ayant appris
que la Paix habitoit en cette Ifle éloignée , y vont
pour luy offrir leur refpects , & pour commencer à
joüir des auantages d'vn bien , qu'ils ont conferué
durant les troubles du Royaume.La 5. eft l'Alliance
des deux Monarques.

PREMIERE PARTIE.

Des Prefages de la Paix.

LEs Prefages, qui font la premiere Partie , font
reprefentés par les Diuinitez du lieu; pource que
cette Ifle eftant neutre , femble auoir efté l'Afyle de
la Paix , durant les guerres des deux Roys ; & que
cette Paix, eft vn Ouurage du Ciel.

La Princeffe Irene bannie du monde , repofoit
dans l'Ifle de Bidaffo, qui luy feruoit de retraite;
mais ayant efté éueillée par les premiers rayons du
Soleil, elle fe plaint à luy , d'auoir interrompu les
douceurs de fon fommeil,& renouuellé fes peines.

L'Echo du rocher voifin,répondant à fes plaintes
l'exhorte à ne point fortir de fon Ifle , par autant
d'oracles , qu'elle prononce de mots : luy predit
qu'elle verra bien-toft à fes pieds, les deux plus
grands Monarques du monde , fe foûmettre à fes
loix , & affermir la Paix qu'ils iureront en fa prefence,

sence, par le plus heureux Mariage, qui fut iamais.

Mais Irene ne se fiant, ny aux illusions de son
sommeil, ny aux promesses de l'Echo, se resout de
sortir de cette Isle, pour s'aller presenter à d'autres
peuples; quand elle est arrestée par le prodige du
Pont, qui se leue de soy-mesme, pour luy oster le
passage.

Elle est sur le point de gayer cette petite Riuiere,
lors que le Dieu du fleuue se leue, & la coniure
d'obeïr aux oracles qui luy promettent de si beaux
auantages, en luy apprenant, que ce n'est pas l'Echo,
mais vne diuinité, qui a respondu à ses plaintes, sous
la voix de cette Nymphe.

La Deesse du lieu, voyant qu'Irene, a comme con-
senty à demeurer dans son Isle, luy vient faire compliment; & luy faisant excuse sur la petitesse du
lieu, qui n'est pas digne de sa grandeur, la presse de
s'y arrester, pour voir l'accomplissement du dessein
des Dieux en sa faueur.

Cependant l'Amour Pacifique chassé par la Haine, se retire de desespoir; & ne voyant plus de lieu à
la reünion des Peuples, se veut precipiter dans le
fleuue; mais son flambeau que la Haine auoit esteint,
touche à peine les eaux de cette Riuiere, qu'elles le
r'allument. Ce prodige l'estonne.

Et le Fleuue se releuant de son lit, luy en explique la cause, en luy promettant vn sort plus heureux, que celuy dont il auoit ressenty les rigueurs,
puis qu'il est venu dans vn lieu plein de merueilles,
depuis qu'Irene s'y est retirée.

L'Amour qui s'est auancé dans l'Isle, à la sollici-

ration du Fleuue, entre dans vn eſtonnement beaucoup plus ſurprenant que le premier, lors qu'il trouue Iberie ou l'Infante retirée dans ce meſme lieu,
& luy demandant la cauſe de ſa retraite, apprend
que c'eſt le deſir de la Paix, qui luy a fait preferer ce
petit coin de terre, aux Palais de ſon Pere; & que
depuis qu'il luy a inſpiré l'amour de Francus, le plus
grand Heros du monde, que les Dieux luy ont pro-
mis pour Eſpoux, ſi les deux Couronnes s'allioient
par vn traitté de Paix, elle eſt venuë preſſer Irene,
d'vnir ces deux Monarques diuiſez par la guerre, &
demeurer dans ce lieu neutre, comme ſon amour
eſtoit balancé, entre les reſpects paternels, & l'affe-
ction qu'elle auoit conceuë pour ce Heros.

PREMIER INTERMEDE.

La Guerre deſarmée.

La Guerre entre, armée de fer & de feu, pour entretenir le deſordre du monde : Elle s'en croyoit
deſia la maiſtreſſe, quand l'Amour la deſarme; &
ayant ietté dans l'Iſle, l'Epée, qu'il luy a oſtée, il
eſteint dans les eaux de Bidaſſo, le flambeau qu'il luy
arrache, & triomphe apres vne ſi belle victoire.

SECONDE PARTIE.

Les Merueilles de l'Iſle de Paix.

FRANCVS, accompagné de quatre Seigneurs de
ſa Cour, veſtus en chaſſeurs ſur leurs habits de
guerre, ſe repoſe du trauail de ſa chaſſe, ſur le bord

de la Riuiere de Bidaſſo.

Ayant ouy ſonner du cor dans cette Iſle, il depêche vn de ces Seigneurs, pour aller reconnoiſtre le lieu & la cauſe de ce bruit.

Celuy-cy eſtant de retour, l'informe des merueilles de l'Iſle, & particulierement d'vn prodige, dont ſes Chaſſeurs ont eſté les témoins; qui eſt, que pourſuiuans vn Renard, auſſi-toſt qu'il s'eſt ietté dans l'Iſle, il s'eſt metamorphoſé en Agneau.

Vn des Veneurs, apporte cet Agneau, & raconte toutes les circonſtances de cet euenement.

Vn Fauconier ſuruenant rapporte vn ſecond prodige, auſſi merueilleux que le premier; qui eſt, que ſon Oyſeau, en bourrant vne Perdris qui s'eſt iettée dans l'Iſle, s'eſt changé en Colombe, auſſi-toſt qu'il y eſt entré. Francus rauy de ces Merueilles, paſſe dans cette Iſle, pour eſtre luy meſme le teſmoin de ces prodiges : mais à peine y a-t-il mis le pied, qu'il ſent que ſon humeur guerriere s'adoucit, ce qui l'oblige à ſe retirer promptement, craignant que ce ne fuſt l'Iſle de la Volupté, dont il a toûjours fuy les charmes. Il y laiſſe neantmoins deux de ſa ſuite, pour tenir les auenuës de ce lieu, qu'il n'a pas encor reconnu.

Ceux-cy trouuent ſur le riuage, deux lignes de peſcheurs, & les ayant priſes pour ſe diuertir, les iettent dans la riuiere, l'vn en tire vne bourſe pleine de pieces d'or, & l'autre vn poiſſon, portant ſur la hure, vn tour de perles.

Deux Eſpagnols, ayant apperçeu ces François dans l'Iſle, s'y iettent, pour les en chaſſer; & ils en venoient deſia aux mains, lors que tout à coup, ils s'embraſſent, & deuiennent amys, ſans reconnoître la cauſe de leur changement. Ils ſortent aprés de l'Iſle,& leur ſang s'echauffant de nouueau, ils veulent retirer leurs epées , qu'ils treuuent changées en fluttes.

Vn d'eux va prendre deux piſtolets , & rentrant auec chaleur dans cette Iſle,les void auſſi-toſt changez en deux autres inſtrumens.

D'autre part vn chef de l'armée Françoiſe,venant par ordre de Francus expliquer aux deux autres les volontez de ſa Maieſté, les void qui embraſſent les Eſpagnols;& les croyant perfides à leur Prince, entre en cholere dans l'Iſle,pour les remettre dans leur deuoir : Mais auſſi-toſt ſon epée ſe change en inſtrument de Muſique , & il ſe met à chanter auec eux.

Deux autres Eſpagnols , voyant la ioye de ces François,& de leur compagnons qui ſont auec eux, s'imaginent qu'on les à fait priſonniers,& qu'on les meine en triomphe : Ils entrent pour les recourre, & ſe trouuans changés auſſi b'en qu'eux , ils ſe mettent tous à danſer , & ſe retirent chacun dans leur quartier.

SECOND INTERMEDE.

Les Genies de France & d'Eſpagne, entrent ennemis, iuſqu'à ce que celuy de la Paix les reconcilie.

TROISIESME PARTIE.

Les Empreſſemens des Dieux, à faire reüſſir les Oracles de la Paix.

LEs Graces cherchent l'Iſle de Paix, ou elles ont appris, qu'Amour leur frere s'eſt retiré, & repoſent ſur la riue de Bidaſſo.

Ce Fleuue voyant des boüillons qui s'eſleuent ſur ſes eaux, ſort de ſon lit pour en connoitre la cauſe. Il voit que c'eſt l'approche des Graces qui leur cauſe ce mouuement & apprend à ces Deeſſes qu'elles ſont arriuées, au lieu qu'elles cherchent.

Elles trouuent à l'entrée de l'Iſle, l'Amour, qui ſe reſioüiſſant de leur venüe, les prie de contribuer de leur ſoins, à parer Iberie, pour la rendre plus charmante & plus agreable à Francus, à qui il la deſtine pour Epouſe ; & commande au Fleuue, de fermer l'entrée de l'Iſle, à tout ce qui pourroit en troubler la Paix.

Ce commandement donne de la vanité à Bidaſſo, qui s'eſtime dés la, vn des plus celebres Fleuues de l'Europe. Il en alloit donner de la ialouſie, à tous les Dieux des eaux voiſines, quand la Diſcorde paroit, & l'oblige à ſe retirer ſous ſes ondes, pour n'eſtre pas infecté de ſes regards.

Ce monſtre enflé du ſuccez de ſes entrepriſes, qui ont deſuny tous les peuples, ſe reſout d'acheuer tous ſes deſſeins, pour empeſcher que les Genies des deux Royaumes, n'entrent en conferance pour noüer vn traitté de Paix, & conclurre le Mariage de

Francus & d'Iberie. Pour mieux venir à bout de
son entreprise, elle se deguise sous la figure d'vne
Deesse.

Le Genie de France vient au lieu assigné pour la
conference, lors qu'il est arresté par la Discorde tra-
uestie, qui l'ayant interrogé de la cause de son voyage, luy dissuade l'entreueüe, en luy disant qu'il n'est
pas honorable au Victorieux, d'aller chercher le
vaincu. Ce Genie se laisse persuader, & retourne
sur ses pas.

La Discorde en triomphe, quand le Genie des
Espagnes, vient d'autre part au lieu assigné, & se
laisse aussi gagner à cette furie sur la flaterie de
l'estenduë de ses pays, qui sont plus considerables,
que ceux de France.

Ce noueau succez donne courage à la Discorde
de poursuiure, ce qu'elle n'a que commencé. Cependant le Genie François, impatient de voir son voyage inutile, sur vne pretention d'honneur, retourne
à dessein de sacrifier ses interests au repos des peuples, estimant qu'il est auantageux au Victorieux de
presenter la Paix, qu'il peut donner. La Discorde
qui vouloit acheuer son coup, voyant ses fourbe-
ries eludées, dresse vne nouuelle batterie, & pour le
detourner plus efficacement de son dessein, elle luy
dit qu'elle est allée elle mesme solliciter le Genie
Espagnol, de rendre à son Victorieux, la deference
que le sort des armes exige de luy ; mais que bien
loin d'y vouloir consentir, il pretend, que c'est à luy
de receuoir les premieres ciuilitez ; qu'il s'est retiré
auec vn esprit aigry, & disposé à la vengeance;
qu'elle luy conseille de ne rien hazarder, en vne

occasion

secasion dangereuse, & qu’il doit attendre vn moment à couuert, les approches de son Riual, dont il
decouurira bien tost les desseins.

Elle arreste aussi d’autre part le Genie Espagnol
que la necessité de la Paix obligeoit de retourner,
& luy conseille de se tenir sur la defensiue, pour
parer aux coups de son ennemy qui est en embus-
cade dans vn lieu voisin.

Le Genie François resolu de terminer le dessein
qu’il a proietté, sort du lieu de sa retraite:& voyant
l’Espagnol qui l’attent les armes en main, commence à se defier de luy,& se met en estat de combattre.

L’Amour suruient, & voyant que son proiet a
presque esté renuersé par la Discorde,la demasque,
& la met en fuitte : Il arreste en suite les combat-
tans, & les ayant tancé, d’auoir pris si facilement
querelle, les exhorte à la Paix, & depeche l’vn vers
Francus,& l’autre vers Iberie, pour leur inspirer vn
amour mutuel.

Le Genie Espagnol,à qui l’Amour a commandé,
de se rendre maitre du cœur de Francus, luy demande vne de ses flesches pour en venir plus facilement à bout, & pendant qu’il s’exerce à faire son
coup, & qu’il espere vn heureux succez de son entreprise.

Le Genie de France depeché vers Iberie, ne demande plus d’autres armes,pour triompher du cœur
de son Monarque, que le portrait de la Princesse,
dont les seuls charmes sont capables de triompher.
Les Graces qui auoient eu soin de la parer, retour-
nent,& c’est sur leurs traits,qu’il acheue luy mesme

l'ebauche qu'il en auoit faite, à la premiere veüe
d'Iberie.

TROISIESME INTERMEDE.
L'Herefie abbatuë.

L'Herefie veftuë de noir, fous vne Gaze claire
d'argent,& mafquée derriere la tefte, pour fignifier
fes-fauffes maximes, coiffée d'vne tefte de Hibou,
& de quantité de bouts de plumes noires & rouges,
qui monftrent fon aueuglement, fon inconftance
& fon amour pour le fang, entre malade & defo-
lée,à caufe des maux qu'elle preuoit,que la Paix luy
doit apporter. Geneue & Orange viennent pour la
foulager. L'vne la foutient, & l'autre la fait reuenir
de fa foibleffe, par l'odeur de fon Orange. Ce foula-
gement luy redonne vn peu de vigueur, quand le
Genie de France, qui reprefente fa Maiefté, luy arrache l'Orange, & l'ayant mis au bout de fon epée,
menace l'Herefie de fa derniere ruine.

QVATRIESME PARTIE.
Les refpeƈts des Genies de Lyon, à Irene.

L Vgdus, qui reprefente Monfeigneur le Ma-
refchal de Villeroy noftre Gouuerneur, enuoyé par Francus, pour aller reconnoitre l'Ifle de
Paix, eft eftonné du grand filence de cette Ifle, lors
qu'il entend vne voix,qui l'endort doucement,tan-
dis qu'vne main inuifible, luy met au col, l'Image
d'Iberie, attachée à vn cordon bleu, qui luy eft vn
prefage

preſage du Collier, dont il a le breuet.

Vn Seigneur Eſpagnol s'approchant de l'Iſle, eſt arreſté par vn ſoldat François, qui le depoüille, & s'eſtant reuetu de ſes habits, imite ſa grauité de marcher, lors que deux autres François ſuruiennent, & le prenant pour Eſpagnol, l'arreſtent auſſi. D'ailleurs, deux Eſpagnols ſe ſaiſiſſent de leur Chef, veſtu des habits du François, l'echange que l'on veut faire de ces deux priſonniers, les met egalement en peine, l'vn proteſtant qu'il eſt François, l'autre, qu'il eſt Eſpagnol, & qu'il n'eſt pas de condition à eſtre échangé, pour vn ſimple ſoldat, & pour paſſer dans les mains des ennemis.

Le bruit qu'ils font, ayant eueillé Lugdus, il ſe leue, & s'approchant d'eux, ils ſont auſſi tot mis en fuite.

Ce prodige l'etonne, quand il voit le preſent qu'il a receu, durant ſon ſommeil, qu'il reconnoit en eſtre la cauſe, & conſiderant que c'eſt le portrait d'Irene, il admire ſon bon-heur, qui l'ayant fait Gouuerneur de ſa Maieſté, pour luy donner les premieres impreſſions des Heros, luy fait heureuſement tomber entre les mains le portrait de la Paix, pour en inſpirer les ſentimens à ce Monarque.

Les Soldats Eſpagnols, eſperãs de faire vne bóne priſe, s'ils l'arreſtoient, courent ſur luy, quand la veüe de cette Image les remet de nouueau en fuite.

Cependant les Magiſtrats de Lyon repreſentés par des Genies, viennent offrir leur preſéns à Irene, Deeſſe de Paix, & reconnoiſſent leur Gouuerneur, dont ils reçoiuent des careſſes. Aprés qu'il luy ont rendu leur reſpects, il leur montre l'Image de la Deeſſe qu'ils cherchent.

Et tandis qu'ils s'arreſtent à la conſiderer, elle paroit elle meſme, les remercie des ſoins obligeans,
qu'ils ont eus, de la faire regner dans leur Ville, pen-
dãt qu'elle eſtoit bannie de tant d'autres? Et prenant
leurs blaſons, qu'ils portent ſur des boucliers, les
attache aux arbres de l'Iſle, où elle les introduit en
leur promettant que ces glorieuſes marques d'honneur, feront eternellement les plus beaux trophées
de la paix, & ſerüiront d'exemple à la poſterité.

QVATRIESME INTERMEDE.

Le Laurier, & l'Oliuier, voulant auoir part à la
ioye publique, renouuellent les miracles du ſiecle
d'Orphée, & détachans leur racines, ſe meuuent
en cadance, en ſortant hors de l'Iſle. Le Laurier tout
ébranché qu'il eſt, s'eſtime glorieux d'auoir ſerui
long-temps à faire des Couronnes à ſa Majeſte,
tandis que l'Oliuier eſpere de les faire doreſna-
uant.

CINQVIESME PARTIE.
L'Alliance des deux Couronnes.

VN Chef François ayant appris, que Francus
deſiroit entrer dans l'Iſle, commet à deux Soldats la garde du Pont. Cependant l'Enuoyé d'Ibere
paſſe pour porter des lettres à Francus, de la part de
ſon Maiſtre.

Ibere vient luy meſme accompagné de quelques
Soldats,

Soldats, voir l'Iſle, dont il auoit appris, que les François s'eſtoient ſaiſis, iurant qu'il en tirera vengeance, il apprend par le retour de ſon Enuoyé, que
Francus s'eſt moqué des lettres de menace qu'il luy
auoit écrites,

Il reçoit à meſme temps vn autre Enuoyé, qui luy
vient preſenter le combat, de la part de Francus.

Peu de temps apres, Francus arriue pour le combat, ſuiuy ſeulement de quatre Soldats, pour ne pas
exceder le nombre de ceux qu'Ibere auoit auec luy.
Ils choiſiſſent l'Iſle pour ce Duel, qu'ils font commencer par deux Seigneurs de leur ſuite: qui à peine
ſont entrés dans l'ſle, que bien loin de ſe battre, ils
s'embraſſent, & voient leur eſpées changées en
branches d'Oliuier.

Les Roys étonnés de ce changement & de ceſte
reconciliation ſi ſubite, entrent eux meſmes dans
l'Iſle, lors qu'Irene ayant ouy du bruit, ſort de ſa
retraite. Francus & Ibere rauis de ſa charmante
beauté la ſaluent & la complimentent, & l'ayant re-
connuë s'offrent à deuenir amys, aux conditions
qu'elle voudra.

Irene confere auec Ibere en particulier, l'exhorte à
faire vne bonne paix, & de l'affermir par vne alliance, & luy remontre que ſon intereſt le doit obliger, à
ne point rejetter ſes aduis: Ibere les écoute volontiers, & donne ſon conſentement.

L'Amour, voyant qu'il eſtoit temps de faire reuſ-
ſir ſon deſſein, apres s'eſtre iuſtifié auprés d'Ibere,
de l'Inclination qu'il auoit donné à Iberie, ſa fille,
pour Francus, & de l'auoir ſollicitée à quitter ſa
Cour, & à ſe retirer en cette Iſle; va la querir & l'a-
mene

mène luy mesme à son Pere, se presentant pour estre
l'entremetteur de cette alliance.

Francus cependant est dans l'impatience ; il la tes-
moigne par vn Ennoyé. Irene prie Ibere de se retirer
auec sa suite.

Elle traite auec Francus de son Mariage auec
Iberie ; dont le Portrait, qui luy est presenté par vn
des Seigneurs qui l'accompagnent, allume dans son
cœur vn ardent desir de la voir.

Elle vient, precedée de l'Amour & des deux Genies de France & d'Espagne, suiuie des Graces, &
accompagnée d'Ibere & de quelques Seigneurs
Espagnols, Irene la presente a Fracus & fait elle mesme l'alliance. Les deux Princes luy offrent de la me-
ner en triomphe dans leurs estats, en reconnoissance
de ceste vnion, mais elle les prie de consentir, qu'elle
demeure dãs cette Isle, pour seruir de nœud aux deux
Royaumes, & les conjure de souffrir qu'on l'appelle
doresnauant *l'Isle de Paix*, & d'y bastir vn Temple
à la Reyne du Ciel, ou les suiets de l'vn & de l'autre,
puissent venir rendre leurs respects. Ils promettent
l'vn & l'autre , & pendant qu'ils se separent , &
qu'ils se retirent, chacun dans leur Estats , les Graces , & les Amours celebrent la feste de ceste alliance.

Conclusion de la Piece.

La Paix pour tesmoigner la ioye qu'elle reçoit, de
se voir rétablie, aprés de si longues guerres, danse
auec les quatre Parties du monde, pour representer
le commerce rétably.

L'ANTI

AVX LECTEVRS.

'ANTIQVITE' qui a reglé tous les Arts, & toutes les Ceremonies publiques, ne nous a rien laiffé qui nous pût feruir d'inftruction pour la conduite des Feux de Ioye. Il nous refte de beaux monumens de fes réjoüiffances dans les reuers des Medailles, dans la defcription des Sacrifices, & fur les ruines des Arcs de Triomphe & des Amphitheatres ; mais nous ne lifons pas qu'elle ayt fait beaucoup de ces Feux. Peut-eftre parce qu'elle adoroit cét Element, qu'elle s'en feruoit aux Ceremonies facrées & dans les funerailles, & qu'elle ne le vouloit pas employer à des vfages Profanes. En effet, elle eftoit fuperbe à dreffer les Buchers des Empereurs, où elle employoit des bois odoriférans, des draps d'or & de foye, & les dépoüilles les plus precieuses des Ennemis. Elle auoit aussi vn soin particulier de conseruer cette Diuinité, & les filles consa-croient leur virginité à son culte , & leurs seruices à son entretien. Mais dépuis que la Religion Chrestienne eut banny la superstition , & qu'elle eut aboly les Apo-theoses , elle fit seruir à la Ioye publique ce qui ne seruoit autrefois qu'aux Pompes funebres, & aux Sacrifices. Les feux qu'elle alluma pour brûler les Idoles, & les Tem-ples de ces fausses Diuinitez , furent des feux agreables aux yeux des premiers Chrestiens ; & pour en redoubler le plaisir, on en refit souuent les images & les repre-sentations , pour exciter le zele de ces nou-ueaux Conuertis à effacer entierement la memoire de ces Monstres. Nous en auons vn illustre exemple dans les paroles de Saint Remy à Clouis en la ceremonie de son Bap-tesme , quand il luy dit : Mitis depone colla Sicamber , Adora quod incen-disti, & incende quod adorasti. *Adore ce que tu as brûlé ; & brûle ce que tu as adoré.* On a dépuis retenu cette coûtume d'allumer des feux dans toutes les Ioyes publi

Greg. Turon. l.2.c.31.

publiques, & de les accompagner de diuerses sortes d'Artifices, qui ne sont en usage
que dépuis l'inuention de la poudre.

Les grandes incongruitez qu'on y void
commettre tous les iours, ont fait souhai-
ter à quelques-vns d'en auoir des Reglcs
qui pûssent leur seruir d'idée ; & pour
satisfaire à leur desir, i'en ay tracé icy vn
petit discours en forme d'aduis, qui pourra,
peut-estre, seruir à ceux qui ne veulent
rien entreprendre qui ne soit reglé &
bien concerté.

ADVIS NECESSAIRES
pour la Conduite des Feux
d'Artifice.

A Ioye n'eſt pas ſeulement magnifique dans ſes profuſions, elle y paroît inge-nieuſe; & quelque empreſſée qu'elle ſoit dans ſes ſaillies, elle n'eſt iamais déreglée. Il y a de la bien-ſeance dans ſes mouuèmens, & ſon luxe attache autant l'eſprit, que les mains de ceux qui le ſeruent. En épanouïſſant le Cœur, elle donne paſſage aux eſtincelles du ſang, qui ſeruent à la formation des belles Idées; & le Feu qu'elle allume, ne paſſe pas ſeulement dans les yeux pour les rendre plus vifs; il donne encore de la vigueur à l'imagina-tion, & ſemble la rendre feconde. Elle a cela de commun auec l'Amour, qu'elle prend toute ſorte de formes; mais elle a cét auantage ſur elle, qu'elle ne deſcend iamais de ſon rang, & qu'elle ne s'abbaiſſe point au deſſous de ſa condition pour venir à bout de ſes deſſeins. Elle ne fait rien qui ſoit indigne de ſa naiſſan-ce, & aucune des paſſions n'approche plus de la raiſon, que celle-cy; puis que le Ris qu'elle exprime, nous fait connoiſtre raiſonnables,

tandis

tandis que l'Amour change les Heros en Ef-
claues, les Dieux en Beftes , & les Souuerains
en Sujets. Les Triomphes & les Spectacles qui
firent Rome la merueille du monde , eftoient
de fon inuention ; & les Ieux publics du Cir-
que & de l'Amphitheatre, qui attirerent dans
l'Italie tous les peuples ciuilifez, furent les effets de fon luxe. Elle a mefme trouué le moyen
de changer les douleurs en plaifirs ; & les larmes qu'on verfe à la veüe des Illuftres mal-
heureux , qu'elle fait plaindre fur nos Thea-
tres, font les aimables preftiges dont elle diuertit les Conquerans apres les trauaux de la
Guerre , & les fatigues de la Campagne.

C'eft elle qui prefide à toutes les ceremonies publiques , elle en fait la magnificence, elle en regle la conduite ; & la majefté qui l'accompagne dans ces actions de
pompe, luy laiffe la meilleure part de leur fuccez. Elle fe fert de diuers Artifices pour s'in-
finuër dans les efprits , & renuerfe fouuent
l'ordre de la nature en faifant nager des Oy-
feaux, voler des Poiffons , & danfer des montagnes & des rochers. Il n'eft point de Mon-
ftre qu'elle n'imite, point d'animaux qu'elle
ne reprefente, ny rien d'extraordinaire qu'elle
n'entreprenne. Elle eft neantmoins plus heu-
reufe à fe feruir du Feu que du refte des Elemens ; & c'eft la caufe pourquoy elle a
couftume de l'employer dans toutes les Feftes
publiques. Elle l'allume au milieu des tenebres de la nuit pour en rendre l'éclat plus

fenſible. Les yeux qui ne ſont diuertis par
aucun autre objet que celuy-cy, s'y arreſtent
ſans peine ; & les diuerſes formes des Artifices qui le compoſent, font vne agreable
confuſion de lumieres diuerſement diſtri-
buées, qui ne plaiſent pas moins qu'elles
éblouïſſent.

Auſſi ces Machines ne doiuent iamais eſtre
de ſimples Buchers, où l'on ne voye que des
fagots entaſſez, des Marmoſets placez ſans
deſſein, & vn nombre de fuſées, qui ne laiſſent
que de la fumée apres auoir fait vn peu de
bruit. Il faut que la montre en ſoit ingenieuſe,
& que l'eſprit ſe retire de ces ſpectacles auſſi
ſatisfait que les yeux. C'eſt pour ce ſujet qu'on
en donne la conduite à des Ingenieurs ; & ſi on
les appelle Feux d'Artifice, il faut que ce nom
ne conuienne pas moins au deſſein & au corps
de la Machine, qu'à la décharge des pots à feu
& des fuſées. On le pratique ainſi dans toute
l'Italie, & l'on a vû dans Paris de ces repreſentations ingenieuſes, qui ont rauy toute la
Cour, & qui ont fait dire aux Eſtrangers, que
la France ne cede en rien à l'addreſſe des autres Nations.

Il y a trois choses à considerer dans la conduite de ces Feux : LE SVIET, L'ARTIFICE, ET LES ORNEMENS.

LE SVIET peut estre *Historique, fabuleux, emblematique, naturel, ou meslé* ; c'est à dire, qu'on le peut tirer de l'Histoire, ou de la Fable, des choses naturelles ou artificielles ; ou l'inuenter à la maniere des Emblemes & des Fables du Poëme Epique, qui sont de la creation de l'Autheur. Le meslé embrasse les beautez de toutes ces especes, & en fait vn seul composé. Mais à quelque espece que l'on s'attache, il faut necessairement l'accommoder *à l'occasion de la Réjouissance , à la nature du Feu , au lieu où il se fait ; & aux Personnes pour qui on le fait.*

L'Occasion est ordinairement vne Victoire, la Naissance d'vn Prince , sa Majorité , son Mariage, ses Alliances, sa Guerison, ou quelque auguste ceremonie ; comme le Sacre des Rois & des Prelats, l'aduenement des Souuerains à la Couronne , leurs entrées dans les villes de leurs Royaumes , la Canonization des Saints, ou la celebrité de leurs Festes.

Ces diuerses occasions demandent des sujets bien differens. On peut prendre pour vne victoire les Triomphes des Empereurs , les Nations subjuguées, & les Batailles gagnées. C'est ainsi que les exploits de nos Monarques

font reprefentez par le fuccez des Armes glo-
rieufes des Cefars & des Scipions.La naiſſance
d'Hercule, & celle d'Alexandre feroient des
fujets propres de la naiſſance des Princes.
Celle de cét Empereur eût mérueilleufement
bien reprefenté la naiſſance de Sa Majefté,
pource que les Aigles qui parurent fur le
Palais où Olympias accoucha , auroient efté
le fymbole des victoires de l'Allemagne, dont
les Aigles vaincuës firent la pompe du berceau de noftre Monarque ; & le Temple de
Diane , qui brûla la nuit de la naiſſance de
cét Heros, tandis que la Deeſſe eftoit occupée
à le receuoir, & à feruir Olympias , feroit ac-
commodé à la nature du feu.

Au Sacre des Rois & des Prelats on peut
reprefenter les ceremonies dont les Payens
vfoient en la confecration de leurs Empereurs & de leurs Pontifes. On pourroit de méme choifir pour la creation des Magiftrats les
ceremonies de l'Areopage & du Champ de
Mars , où les Grecs & les Romains faifoient
leurs aſſemblées pour de femblables élections.
Le Triomphe de Ciceron apres les confpira-
tions découuertes , & les autres exemples de
la vertu & de la generofité des Confuls, feroient des fujets auantageux.

Aux Canonizations des Saints , & à la celebrité de leurs Feftes , on pourroit s'attacher
aux Apotheofes des Empereurs , aux confe-
crations des Dieux , & aux ceremonies des
Feftes Grecques & Romaines.

Diuers

Diuers Exemples des sujets Historiques.

Pour vne Victoire.

AChille & Vlyſſe mettans le feu à la Ville de Troye. Hom. Ilias.

Le jeune Annibal iurant la ruine de Rome ſur les Autels. Hiſt. Rom.

Carthage brûlée par Scipion.

Le Conſul victorieux , ſacrifiant à Iupiter, Iunon & Mars, à la porte de la Ville auant qu'y entrer en Triomphe.

Si c'eſt ſous la Regence d'vne Reyne que la victoire ayt eſté remportée , il faut repreſenter Semiramis victorieuſe des Bactriens.

Tomyris victorieuſe de Cyrus.

Le combat des Amazonnes, &c.

Si c'eſt la premiere victoire remportée apres la declaration de la Guerre , on pourroit repreſenter la Colomne Bellique dreſſée à Rome deuant le Temple de Bellonne , d'où l'on lançoit vn dard contre le Pays à qui l'on vouloit faire la Guerre.

Pour la Naiſſance d'vn Prince.

Le Laurier , qui naſquit le meſme iour qu'Auguſte, dont les Empereurs ſe Couronnerent toûjours depuis. Ce Laurier seroit le presage des victoires du Prince naissant.

La naissance d'Achille, & son education sous le Centaure Chiron, qui luy apprit les premiers exercices, & le nourrit de la moëlle des Lions pour le rendre plus robuste, & plus genereux.

Pour sa Majorité.

Iustinus. Cyrus reconnu & declaré Empereur.

Paul.
Æmil. Pharamond éleué sur vn Bouclier, & honoré de toute l'Armée.

Quint.
Curt. Alexandre receuant les Ambassadeurs de diuerses Nations qui luy estoient sujettes.

Diod.
Sicul. Ninias prenant possession de son Royaume, que sa Mere auoit tenu pour luy.

Pour le Couronnement d'vn Prince.

L'euenement de l'Empereur Iulien, qui entrant dans vne Ville, receut heureusement sur la teste vne Couronne qui pendoit sur la porte, & qui luy seruoit d'ornement. Cét euenement fut pris de tout le monde pour vn augure de l'Empire. Eutrope l'a décrit en son Histoire, liu. 11. chap. 1. *Cum Iulianus circiter annum vigesimum, Domini verò 360. esset Cæsar creatus in expeditione aduersus Barbaros in quamdam ingressus Ciuitatem, Corona laurea quibus solent ciuitates ornari inter columnas pendens rupto fune super caput eius decidit,*

dit , eúmque aptiſſimè coronauit. Cuncti clamore ſuo Imperij id ſignum interpretati ſunt.

Pour vne action de Pieté & de reconnoiſ-ſance enuers Dieu pour quelque bien-fait obtenu, ou pour vne Victoire.

Romulus conſacrant les depoüilles à Iupiter Feretrien.

Alexandre donnant de l'Encens aux Dieux auec profuſion.

Pour les Alliances & pour la Paix.

L'Alliance de Romulus & de Tatius. *Hiſt. Roim. Suet. in Veſp.*

La Conſecration du Temple de la Paix par l'Empereur Veſpaſien.

La publication de la Paix faite dans la Ville de Corinthe apres que l'Eloquent Flami-nius eut fait tomber les armes des mains des Citoyens. Le ſon des Trompettes ayant fait faire ſilence au Heraut qui annonça la Paix, tout le peuple repeta tant de fois ce beau nom, & à ſi haute voix, que les Oyſeaux eſtonnez en tomberent en plein Theatre, au rapport de Plutarque, dans l'eloge de Flaminius. *Plutarc. in Fla-minio.*

Pour le Sacre d'vn Roy & d'vn Prelat.

L'Inauguration de Dauid & de Salomon *Lib.Reg.* pour repreſenter le Sacre d'vn Roy.

Celle d'Aaron pour vn Prelat.

Ceſar

Cefar éleué à la dignité d'Augure & de
Pontife , & Sacré auec toutes les ceremonies ordinaires à ces actions folemnelles.

Pour la Creation des Magiftrats.

Hift.
Rom.
Quinìtius tiré du repos de la campagne pour
eftre fait Dictateur.

Curce & Dece , qui fe deuoüent aux
Dieux, & s'immolent pour le bien public.

Xiphilin.
in Tra-
jano.
Le fonge de Trajan , qui vid en dormant
l'Image d'vn venerable Vieillard, Couronné
des rayons du Soleil, qui luy appliquoit vn
fceau fur le gozier. Cette Image reprefentoit
le Senat qu'on peignoit ainfi ; & ce fceau mis
fur le gozier , fignifioit qu'il feroit l'Oracle
des Loix.

Pour l'Entrée d'vn Prince dans vne Ville.

Si c'eft apres vne bataille gagnée , l'entrée
de Cefar dans Rome , apres auoir vaincu
Pompée dans les champs de Pharfale.

Scipion victorieux de Carthage entrant
dans la mefme Ville.

Sabellic.
lib. 7.
Enead.4.
A l'entrée du Roy en cefte Ville apres les
trauaux d'vne longue & fâcheufe Campagne,
où il auoit efté atteint d'vne dangereufe ma-
ladie ; on eût pû reprefenter l'Hiftoire de l'In-
dien Sandrocote,qui vid en fonge vn grand &
genereux Lion qui luy lefchoit la fueur du
front.

Pour

Pour la Canonization d'vn Saint.

Elie enleué dans le Ciel dans vn Chariot de feu. Cé tranſport eſt le vray ſymbole de l'A- *Lib.Reg.* potheoſe d'vne Ame ſainte.

Pour la veille des Feſtes des Saints.

Pour ſainte Catherine, les Anges qui en-leuent ſon Corps, & qui luy font vn tombeau.

Pour toute ſorte de Saints, la Colomne de feu, qui ſeruoit de guide au peuple d'Iſraël durant la nuit : Pource que les Saints font le meſme effet par l'exemple de leurs Vertus, qui nous ſeruent de guides.

Pour la Reſurrection de Noſtre Seigneur, on repreſenta à Rome le Sepulchre, d'où ſortit quantité de feux ; & l'Image de Noſtre Sei-gneur, qui s'éleua par Artifice au deſſus de la Machine.

Le feu d'Artifice du Quartier de ruë Mer-cìere eſtoit tiré de l'Hiſtoire.

LA Fable fournit des ſujets plus agreables que l'Hiſtoire, pource qu'elle reçoit plus de formes, & qu'elle fait des miracles qui paſſent les forces de la Nature. Les changemens des Dieux, & les actions extraordinaires que le menſonge leur attribuë, donnent plus dans les yeux que les Combats les plus celebres. La Theogonie d'Heſiode, les Metamorphoſes d'Ouide, les Tableaux de Philoſtrate, & genera-lement tous les Poëtes ; fourniſſent d'excellen-
tes

tes inuentions en ce genre.

La Fable de l'Hydre terraſſée par Hercule eſtoit vn ſujet propre pour la ceſſation des guerres ciuiles à la Majorité du Roy. Le Lion vaincu par cét Heros qui en porta toûjours la dépoüille , pouuoit repreſenter les Victoires remportées en Flandres.

Quand on auroit fait leuer le ſiege d'vne Ville Maritime , on pourroit prendre la Fable d'Andromede déliurée par Perſée , qui ſeroit l'Image du Liberateur.

Pour vne Ligue , on pourroit dreſſer l'Autel ſur lequel les Dieux iurerent autrefois la Guer-re contre les Titans , & qui fait à preſent vne conſtellation dans le Ciel.

Pour la Paix , on leur feroit quitter les Ar-mes ſur ce meſme Autel , où Iupiter depoſeroit ſa Foudre , Mars ſon Eſpée , Minerue ſa Lance , Saturne ſa Faux , tandis que Mercure feroit l'Office de Heraut , auec ſon Caducée.

L'Apotheoſe d'Hercule pourroit ſeruir à repreſenter celle des Saints , ſon Bucher ſeroit le ſymbole de la Charité ardente qui les a con-ſumez , & ſon entrée dans le Ciel ſeroit vn il-luſtre Embleme de leur Triomphe ; comme vn Eſcriuain Italien en a fait l'Embleme de l'Ame , qui ſe ſepare du corps corruptible pour ſe rejoindre à ſon Principe. Et l'a accompagné de ce vers pour deuiſe :

Arſo il mortal al Ciel andra l'Eterno.

Pour vne Victoire Nauale , le Vaiſſeau des Argonautes mis dans le Ciel.

Pour

Pour vne Victoire remportée sur des Rebelles, les Geants foudroyez par Iupiter.

Pour la naiſſance d'vn Prince , la naiſſance
de Mercure , emmailloté par les Saiſons ſur
le Mont Olympe. Philoſtrate en a fait vn de ſes
Tableaux.

On peut auſſi prendre les naiſſances des
autres Dieux , ou les preſages qui les prece-
derent , & que la Fable a inuentez.

A la Naiſſance de Madame de Sauoye, fille
de France, on repreſenta à la Cour la naiſſance
de Minerue , qui fut vn heureux augure de la
generoſité & de la ſageſſe de cette Heroïne,
qui eſt la merueille de ſon ſiecle.

Pour la Paix , Mars enchaiſné par Vulcan,
qui eſtant le Dieu du feu , repreſenteroit en
general les feux de Ioye faits pour la Paix.

Ganymede porté dans le Ciel par vn Aigle,
pourroit repreſenter l'Apotheoſe d'vn Saint,
qui ſeroit mort jeune.

Le Rameau d'or donné à Enée par la Sybil-
le, ſeroit vn preſage de Victoire.

Apres vne Guerre Ciuile , les Cyclopes,
qui forgent des foudres à Iupiter.

Les Nopces de Iupiter & de Iunon : de
Pelée & de Thetis , pour vn Mariage.

Pour vne Victoire , le Combat des Cen-
taures & des Lapithes:Les trauaux d'Hercule,
& le Triomphe de Mars.

Le deſſein du Feu d'Artifice dreſſé dans le
Quartier de Monſieur le Preuoſt des Marchands , & celuy du Quartier ſaint Pierre,

eſtoient

eſtoient les deux ſeuls tirez de la Fable en nos
dernieres réjouïſſances de la Paix. Celuy de
Iaſon allant à la Conqueſte de la Toiſon d'or,
dreſſé à l'entrée de Sa Majeſté, en eſtoit auſſi
tiré.

A la Canonization d'vn Saint, on pourroit
repreſenter l'entrée glorieuſe d'Hercule dans
le Ciel, par la voye de Laict, apres les penibles
trauaux qu'il eut eſſuyez ; & l'on pourroit repreſenter apres luy des Genies, chargez des
dépoüilles qu'il auoit remportées, qui les pla-
ceroient dans le Ciel pour ſeruir de Conſtel-
lations. Ce ſeroit la marque des bonnes
œuures d'vn Saint, qui n'a trauaillé que pour
le Ciel.

L E S v i e t Emblematique eſt le plus ingenieux, pource qu'il eſt de l'inuention de
l'Ouurier, qui eſt createur de ſa matiere, à la
façon des Poëtes ; & qu'il n'eſt pas vne ſimple application d'vne choſe faite, comme
ſont les ſujets que l'on tire de l'Hiſtoire & de
la Fable. Ce qui le rend ingenieux, c'eſt que
l'Inuenteur donne vn eſtre ſenſible à des cho-
ſes qui n'en ont qu'vn moral ; & qu'il fait voir
les Arts, les Sciences, les Vertus, les Vices,
&c. auec des ſymboles qui en expliquent la
nature. Celuy que l'on prit en ceſte Ville la
veille de la Feſte de S. Iean Baptiſte, à l'occaſion de la Tréve, eſtoit emblematique. Il repreſentoit vn Lion entre la crainte & l'eſperance
de la Paix que l'on traitoit, tandis que Mars &
Bellonne

Bellonne eftoient negligemment couchez fur des Armes renuerfées. On pourroit au fujet de la Paix reprefenter fon Alliance auec la Iuftice, tandis que l'Amour & l'Himenée attacheroient aux furies leurs flambeaux, & en brûleroient des Armes entaffées.

Pour vne Victoire, on la pourroit reprefenter qui tiendroit la Fortune enchaifnée.

Les Funerailles de Mars pour la Paix.

Le Baifer de la Paix & de la Iuftice, pour le mefme fujet.

L'Hymen qui defarme Mars, & qui le lie auec des guirlandes de Rofes, pour la Paix caufée par vn Mariage.

Les deffeins des Feux de la Place S. Iean, du Quattier des trois Maries, & de ceux de la Boucherie S. Paul, de la Iuifverie, de la ruë de Flandres, de la Fontaine S. Marcel, de la ruë de la Lanterne, du Plaftre, de la Grenette, de Confort, de l'Hofpital, &c. eftoient des deffeins emblématiques.

Les Poëtes font les Autheurs qu'il faut con-fulter pour ces inuentions, auffi bien que les Emblemes d'Alciat, de Bochius, de Coftalius, de Gomberuille, la Cité du vray de Defbene, &c. ce font les modelles qu'on fe peut pro-pofer; mais il faut que l'efprit & l'imagina-tion foient les Inuenteurs de la piece.

L'Art des Emblemes que ie donne feparé-ment, feruira d'Idée à la conduite de ces deffeins.

é

LE Sviet naturel est plus simple, & n'est
que la representation d'vne chose naturelle ou artificielle. Comme seroit vn Phœnix
sur son bucher, vne Salemandre dans les flâmes; vn Portique, vne Pyramide, vn Obelisque
ou vn Arc de Triomphe.

Apres vne Victoire Nauale, on pourroit
dresser la Colomne que les Romains appel-
loient *Rostrata*, à cause des prouës des Vaisseaux qu'on y voyoit attachez, telle qu'elle est
represeutée dans vn reuers de Medaille.

LE Meslé est composé de tous les autres.
Il peut estre pris de l'Histoire ou de la
Fable, & representer vn Temple, vn Palais,
ou quelque autre lieu semblable où la chose se
seroit passée. L'on y peut ajoûter des Emblemes & des Deuises pour Ornemens; des Per-
sonnages Chimeriques, & des Moraux, sous
des figures inuentées. Le sujet que ceste Ville
a choisi à l'occasion de la Paix est de ce genre;
car le Temple de Ianus fermé par Auguste,
est vn poinct d'Histoire; Mercure & Ianus
sont tirez de la Fable. Les Mois, les Signes,
les Saisons, les Graces, & Amalthée, sont de
ces Estres Moraux que les Emblemes rendent
sensibles; & le Temple est vne chose artificielle.

Il faut autant que l'on peut s'attacher à la
nature du feu dans le choix de ces desseins &
prendre des sujets qui luy soient propres, ou

du

du moins, qui ne luy foient pas contraires.
Comme feroit vn naufrage, des Fontaines ou
des Riuieres;car ce feroit brûler l'Eau. Scævola
qui brûle fa main, l'Incendie de Troye; Medée
qui s'enuole dans vn Char de feu, le Mont
Etna ou le Vefuve ; la Fournaife de Vulcan,
la Salemandre, & les femblables font les plus
naturels.

L E L i e v eft la troifiéme chofe qu'il faut
confiderer pour luy approprier le fujet.
I'entens par le lieu la Ville qui fait le feu, &
l'endroit de la Ville où il fe fait.

Pour le premier, il faut auoir égard aux
fingularitez de la Ville ou de la Prouince, &
prendre vn fujet dans leurs Annales quand
elles en fourniffent de propres. Comme le
Vaiffeau des Argonautes feroit vn fujet fort
propre pour la Ville de Paris à caufe de fes
Armes, & de la Fable qui fait les Argonautes
fes Fondateurs. Ainfi on fit autrefois en cette
Ville à l'entrée du feu Roy vn grand Lion,d'où
fortirent quantité de Feux ; mais particulierement vn beau Soleil, pour faire allufion au
deffein general de l'entrée, qui eftoit *le Soleil
au Signe du Lion.*

Pour le fecond, fi c'eft fur vne Riuiere que
l'on dreffe la Machine, il faut prendre vn
fujet propre de l'eau, fans qu'il foit pourtant
contraire au feu. Comme feroit le combat
Naual d'Augufte & d'Antoine,où les Vaiffeaux
de celüy-cy furent brûlez.Andromede déliurée,

la chûte de Phaëton , & l'embrazement du
Scamandre y conuiendroient ; & le Phare , qui
fut vne des merueilles du Monde.

On obſerua dernierement cette Regle à
Veniſe , à l'occaſion du feu de Ioye de la Paix ;
car la Machine ayant eſté dreſſée ſur l'eau , le
pied ſelon le lieu où elle eſtoit dreſſée , paroiſſoit dans l'eau , & entouré de Dauphins, Syre-
nes , Cheuaux Marins , & diuerſes autres
figures.

Il faut encore auoir égard aux Perſonnes
qui font la deſpenſe , ou pour leſquelles on
dreſſe la Machine ; car on peut prendre le
deſſein de leurs Armoiries , ou quelque choſe
qui ayt du rapport à leur Nom. Comme à la
naiſſance du Dauphin , le Dauphin Céleſte ;
l'Aigle de Iupiter au Couronnement de l'Empereur.

Pour les Saints , on peut prendre leurs
ſymboles, ou les inſtrumens de leurs ſupplices ;
comme ſeroit vn cœur enflâmé pour S. Augu-
ſtin , vn Taureau enflâmé pour S. Euſtache,
le Dragon pour S. George , & quelqu'vn de
leurs Miracles ; leurs viſions , & les prodiges
qui les ont deuancez. Comme à la Canonization de Monſieur de Geneue , on pourroit repreſenter le Globe de feu qui luy tomba du
Ciel en ſon Oratoire pendant ſa priere. Vn
Chien qui éclaire le monde d'vn flambeau,
pour S. Dominique,

L'Vne

L'VNE des principales obseruations qu'il faut faire en la conduite de ces Feux, est de n'y mettre aucune figure dont on puisse trouuer occasion de railler ; & que comme on les fait ordinairement brûler, on ne puisse faire la plainte que fait Monsieur Colletet en vne de ses Epigrammes, à l'occasion d'vn feu de Ioye fait en Grêve, où l'on auoit brûlé les Muses l'an 1649.

Dedans vn Siecle glorieux,
On cherit les Filles des Dieux,
Mais dans vn lâche & ridicule,
On les mene en Grêve, on les brûle.

Il y a aussi quelques années que la Gazette remarquoit, que ceux de la Haye ayant dressé vn Bucher, où la France estoit representée soûmise à l'Espagne ; & y ayant mis le Feu, il se prit en sorte à l'Image de l'Espagne, qu'il la reduisit d'abord en cendre, laissant celle de sa Riuale entiere, & seulement vn peu noircie de fumée.

Il faudroit en ces rencontres disposer en sorte la Machine, que par le moyen d'vne méche souffrée, on communiquât le Feu à toutes les décharges, sans brûler la representation, comme i'ay vû faire quelque fois. Aussi bien la fumée du bois & de la paille nuit souuent au succez de l'Artifice.

Que si l'on est absolument obligé d'y mettre des Figures des Saints, des Princes, ou des Vertus, & que ce soit la coustume de brûler

la Machine , il faut trouuer le moyen de les
sauuer de l'embrasement : comme i'ay vû faire
vne fois la veille de la Feste S. Iean Baptiste.
Le sujet estoit la Decolation de ce glorieux
Precurseur : Herodias tenoit la Teste de ce
Saint Martyr dans vn bassin , qu'elle presentoit à Herode ; mais le feu fût à peine au Bucher, que cette Teste en sortit, & s'éleua le long
d'vne corde iusqu'au dessus de la face de la
grande Eglise , où elle s'arresta pendant que ses
Persecuteurs furent reduits en cendre.

L'ARTIFICE est d'autant plus important,
que c'est de luy que ces Feux ont receu le
nom de Feux d'Artifice , & que toutes les autres parties qui les composent, ne sont propre-
ment que ses accessoires. Il faut que celuy qui
en a la conduite prenne soigneusement garde
aux sortes de Feux que demande l'occasion ou
le sujet ; qu'il les dispose à propos, & qu'il en
regle les décharges.

Les Feux ordinaires dont on se sert, sont les
Fusées , les Trompes , qui sont des especes de
soufflons ; les Lances à feu, les Saucissons, les
Serpentaux , les Chandelles , les Balons , les
Pots à feu , & les Girandoles.

Bien qu'on ayt coustume de mesler tous ces
Artifices dans vn dessein, il est neantmoins de
la prudence de l'Artificier, de les approprier à
son sujet. Si c'est vne Bataille gagnée qui en
soit l'occasion , il faut que ses Feux tendent
tous à faire du bruit & du fracas. Si le sujet
conuient

conuient à quelque Conftellation ; comme feroit le Vaiffeau des Argonautes , le Lion dompté par Hercule , l'Autel fur lequel les Dieux iurerent la guerre des Geants , Andromede,Cephée,Atlas portant le Ciel,&c.il faut que tous les jets finiffent en Eftoiles ; & comme ces Feux reffemblent aux Aftres , qui font les fymboles des Saints , ils font les plus propres aux celebritez de leurs Feftes.

Si l'on reprefente vne tefte de Medufe ou vn Dragon , il n'en faut faire fortir que des Serpentaux , de mefme que des teftes des Furies ; d'autant que ces Animaux ne fe nourriffent que de Serpents , au rapport des Naturaliftes , & que la Fable en donne pour cheueux à ces Monftres de l'Enfer. Les Girandoles ne doiuent feruir qu'à reprefenter les chofes qui ont le mouuement circulaire ; comme le Ciel, les Planettes,les Signes celeftes,les Roües,&c.

Si l'on met des Figures dans la reprefentation, il ne faut pas qu'elles foient de fimples Ornemens de la Machine , mais il les faut remplir d'Artifices felon le fujet ; comme fi c'eft vne Hydre,on en peut faire fauter toutes les teftes les vnes apres les autres.

La difpofition eft neceffaire pour faire vn Artifice reglé. On donne ordinairement à l'étage inferieur le fracas des mortiers & des fauciffons. On place vn peu plus haut les Girandoles. Les Fufées & les Serpentaux font le corps de l'Artifice , afin que les vnes s'éleuent en l'air , tandis que les autres croifent & fer-

pentent pour plus de varieté. Les Fusées à
estoiles, les Lances à feu, & les pots à feu,
tiennent le dessus de la Machine : Particulierement les Lances à feu doiuent faire le couronnement, & orner les faillies ; parce que ce
font des feux qui durent apres la décharge de
tous les autres, & qui font voir vne agreable
symmetrie de la Machine, quand ils font tous
allumez. Ceux qui font bien entendus en la
pratique des feux, font premierement paroître
toute la Machine allumée par le moyen des
lances à feu, qui font vn feu paifible &
agreable.

On fe fert de diuerfes Caiffes, où l'on range
les Artifices auec des Lances à feu d'vne lon-
gueur inégale, afin qu'ils ne foient pas furpris
tous enfemble, & que fe fuccedant les vns
aux autres, ils puiffent agréer dauantage, &
diuertir plus long-temps.

Quelques autres le font par des Tuyaux fe-
crets, qui communiquent le feu à toutes les
charges ; mais cette inuention demande que le
Maiftre foit dans la Machine pour mettre le
feu fucceffiuement aux décharges, qui feroient
autrement trop promptes.

Cette difpofition fert encore à la reprefentation de diuerfes Figures ; comme font les
Noms des Saints dont on celebre la Fefte, ou
les Chiffres & les Armoiries du Prince victorieux, qu'on fait paroiftre en l'air par le moyen
des fufées difpofées eu diuers jets.

On fait en Italie paroiftre ces Chiffres &
ces

ces Armes toutes en lumiere, par le moyen de
diuerses lampes qu'on fait allumer tout à coup,
& éclairer durant deux ou trois heures auant
la décharge de l'Artifice, qu'on fait joüer sans
brûler la Machine.

L'ordre des décharges depend de la disposition, & j'ay suffisamment declaré quel il doit
estre, quand j'ay dit qu'il falloit commencer
par les pieces de plus de bruit. Les Girandoles
les doiuent suiure auant qu'vne trop grande
fumée puisse empescher leur effet. Ie dis le
mesme des Serpentaux ; car les fusées qui s'é-
leuent plus haut ne perdent rien de leur éclat,
& dissipent ayfément cette fumée. Enfin, la
derniere décharge, si l'on brûle la Machine,
doit estre de grand fracas pour la faire voler
en éclats.

La meilleure Regle qu'on puisse donner
pour la disposition, c'est qu'il faut que les
yeux soient incessamment diuertis, & auec
varieté, meslant des jets de Fusées aux Serpentaux, des Lances à feu aux Girandoles, en
faisant succeder ces feux les vns aux autres.

On se sert quelquefois d'vn Artifice pour
mettre le feu à la Machine, comme d'vn Dragon volant, conduit par vne Fusée sur vne
corde bien tenduë ; on fait voir aussi auec la
mesme inuention, des Caualiers & des Animaux qui se battent en l'air, & qui auancent
& reculent par le moyen des Fusées posées
l'vne d'vn costé, l'autre d'vn autre, qui se
communiquent successiuement le feu. On fait

encore tourner des Roües, & des Spheres, &
cent autres galanteries, qui font de l'inuention
de l'Artificier.

LE s Ornemens, qui font la derniere
chofe qu'il me réfte à remarquer, font de
plufieurs fortes. Les plus generaux font les
Infcriptions, les *Deuifes*, les *Emblemes*, les
Chiffres, & les *Hieroglyphes*.

Les *Infcriptions* expliquent la Machine &
l'occafion de la Fefte, & inuitent les peuples
à la joye. En voicy des exemples tirez des
feux d'Artifice d'Italie. A Turin, à l'occafion
de la Naiffance de Sa Majefté, Madame de
Sauoye fit faire des Feux de Ioye, où l'on lût
ces Infcriptions, efcrites en gros Caracteres
fur les diuerfes faces d'vn Temple bâty à l'antique, & enrichy de Colomnes :

I.

NOVVM DE COELO PACIS
FECIALEM DELPHINVM,

FRATRIS REGNO ÆQVE',
AC SVO GRATVLATA,

MINERVA ALLOBROGICA.

HAS DE EVROPÆ INCENDIO,
SVPERSTITES FLAMMAS,

IN LÆTITIÆ ARGVMENTVM
ACCEDIT.

II.

I I.

LVDOVICI GAVDIA VESTRA
FACITE TAVRINENSES,

NON NISI SABAVDIÆ BONO FELIX
FVTVRA GALLIA EST :

IRRIGATE FLAMMARVM PLVVIA,
TANTORVM SEMINA GAVDIORVM.

TELLVRI DIES INVIDEAT NOVVM
SOLEM, NOX NOVA SIDERA;

COELVM COMETIS OBRVITE,
PRÆDICABVNT REGIS NATALIA,

NEC PRÆDICENT EXITIA.

Le ſtyle de ces Inſcriptions doit eſtre ſerré
& plein de penſées. On les fait quelquefois
en Langue vulgaire pour les rendre plus intel-
ligibles au peuple ; mais elles ont peine d'auoir
la grace des Latines, qui ſont plus energiques
en peu de mots.

On prend quelquefois des paſſages de l'E-
criture, des demy vers de quelque Poëte, ou
meſme les Anagrammes du nom de la Perſonne pour qui ſe fait la Réjouïſſance.

Il y a de ces paſſages de l'Ecriture, & des
Poëtes, qui ſont d'autant plus beaux, qu'ils
ſemblent eſtre prophetiques. Comme eſt preſque tout le Pſeaume 71. qui apres la publica-

tion de la Paix ſemble predire mille benedi-
ctions au Roy. *Deus Iudicium tuum Regi da,*
& Iuſtitiam tuam filio Regis ..... Suſcipiant
montes Pacem populo , & colles Iuſtitiam .....
Orietur in diebus eius Iuſtitia , & abundantia
Pacis : donec auferatur Luna. Ce paſſage ſemble vn augure de la ruine des Turcs. *Et domi-*
nabitur à Mari vſque ad Mare , & à flumine
vſque ad terminos terræ. Coram illo procident
Æthiopes , & inimici eius terram lingent .....
Benedictum nomen Majeſtatis eius in æternum:
& replebitur Majeſtate omnis terra, fiat fiat.

Le paſſage du chapitre 57. d'Eſaye , verſ. 19.
s'applique auſſi merueilleuſement à cette Paix.
Creaui fructum labiorum Pacem , Pacem et qui
longè eſt, & qui propè. En effet , ne ſemble-t'elle
pas auoir eſté crée en vn temps où perſonne
ne l'oſoit eſperer , & n'a-t'elle pas comme
eſté tirée du neant des Prouinces deſolées,
& des Villes reduites en cendres. Elle eſt
auſſi le fruit des Conferences des deux Miniſtres.

Nos Poëtes ſont auſſi quelquefois Prophe-
tes , & ce n'eſt pas ſans myſtere que les Latins
leur ont donné le meſme nom qu'aux Deuins.
Virgile ſemble auoir décrit la Naiſſance du
Fils de Dieu en la quatriéme Eclogue. On
applique auſſi à l'eſtabliſſement de l'Egliſe cét
Epiphoneme du premier liure :

Tanta molis erat Romanam condere Gentem.
Nous pourrions de meſme appliquer ceux-cy
qui preſagent les guerres contre le Turc.

Hinc

Hinc populum lato Regem belloque su-
  perbum,

Venturum excidio Lybiæ sic voluere parcæ.

Et ce demy vers de Claudien , *Panegyr.*
Stilic. 3.

  Nil placitum sine Pace Deo.

Fait merueilleusement bien au sujet de la Paix.
Comme celuy-cy de Virgile se pourroit appliquer à la mort de tant de braues Chef durant
nos dernieres guerres , dont la France regrette
la perte ;

—————————————— *Luget*
Lumina tot cecidisse Ducum.

On a appliqué heureusement à son Eminence ces deux vers du sixiéme de l'Eneïde ;

  Tu regere Imperio populos Romano me-
    mento :

  *Hæ tibi erunt artes Pacique imponere_*
    nomen.

Generalement tous les desseins pris de l'Histoire, & de la Fable, ou inuentez, demandent
des Inscriptions qui en fassent l'application,
& qui expliquent la pensée de l'Inuenteur.

Mais il faut auoüer , qu'il n'est rien de si
difficile à faire , que ces Inscriptions , qui
doiuent estre toutes spirituelles. Les fautes y
sont insupportables , & ie ne sçay par quelle
fatalité il arriue souuent qu'on y en trouue,
à cause qu'on les donne à faire à des personnes qui n'en ont pas l'vsage. Ces beueües ont
souuent donné occasion à des Epigrammes,
comme celle-cy d'vn jeune Médecin, qui auoit
                                        fait

fait en vers Latin la premiere syllabe de *Vita*
briéve , & auoit trauaillé tout vn iour deux
chetifs vers :

Carmine in exiguo Medicam complecteris
artem,

Ars *tibi nam* longa *est Faustule* Vita
breuis.

Les Aphorismes d'Hypocrate commencent
par cettte Sentence. *Ars longa Vita breuis.*

Les *Emblemes* se peuuent tirer de l'Histoire,
de la Fable , ou des choses naturelles & inuentées , de la maniere dont ont forme le sujet de
toute la Machine , qui est toûjours vn Embleme ; parce qu'il est vne representation instru-
ctiue, qui nous apprend la cause pour laquelle
on la dresse , & qui a du rapport à l'occasion
pour laquelle on la fait.

Les *Deuises* sont composées d'vn corps &
d'vne ame ; l'vn est pris d'vne Figure naturelle
à l'exclusion de la Figure humaine, ou d'vne
chose artificielle. Et l'autre, d'vn bout de vers
de Poëte , ou d'vn petit mot en autre langue
que la vulgaire. Ces Deuises ne doiuent pas
seulement estre propres au sujet , mais il faut
encore autant qu'il se peut, que les corps con-
uiennent à la nature du feu. Et c'est ce que
demandent principalement les Maistres de ces
peintures ingenieuses , qu'elles soient confor-
mes aux lieux où on les place. Comme celles
qui se font pour les Eglises doiuent estre sa-
crées. Le corps se doit prendre autant que
l'on peut des instrumens qui seruent à nos Ceremonies,

remonies, & l'ame des paroles de l'Ecriture.
Dans les Academies les corps se tirent des instrumens des Sciences ; comme sont les Spheres, les Cylindres, Compas, &c. Dans les Arse-
naux, & dans les Citadelles des Armes, &c.

Les *Chiffres* ne sont que les lettres des noms
diuersement entrelassées.

Les *Hieroglyphes* sont les symboles propres
de chaque Figure ; comme on donne à Iupiter
la Foudre, vne Corne d'Abondance à la Felicité, vne Faux au Temps, vn Caducée à Mercure, & vn Trident à Neptune.

Nos Saints ont aussi leurs Hieroglyphes,
qui les distinguent. S. Iean Baptiste tient vne
Croix de Roseau, entourée du mot *Ecce Agnus
Dei* en écharpe, & vn Agneau sur vn liure.
Sainte Catherine vne Roüe. Saint Pierre des
Clefs, S. Paul vne Espée, &c.

Il y a vne autre sorte d'Ornemens, qui ap-
partiennent à l'Artifice ; comme si l'on dresse
le Bucher sur vne riuiere, on peut par le moyen
de plusieurs Batteaux representer vn Combat
Naual. Aux Ioyes publiques de Constantino-
ple, on commande à tous ceux qui ont des
Permes ou des Caïques dans le port, d'y allumer des lampes, comme nous mettons icy des
lanternes à nos fenestres. Ces Permes & ces
Caïques, qui sont au nombre de trois mille,
couurent tout le port, & font vn spectacle fort
agreable. En Italie ils ornent les Machines de
quantité de Lampes si bien disposées, qu'elles
representent diuerses Figures. A l'entrée de la
Reine

Reine de Suède à Turin, on auoit éclairé de
cette forte vn Portique par où elle deuoit paf-
fer, & les Lampes y reprefentoient fes Armes,
& celles de toutes les Alliances de fà Famille,
fes Chiffres, des lacs d'Amour, des Arabefques,
& diuerfes autres Figures.

Enfin il y a cette difference entre ces pieces bien conduites , & celles qui font faites
fans deffein ; que les vnes ne fçauroient plaire
qu'vn moment , & fatisfaire feulement les
yeux tandis que l'Artifice joüe ; au lieu que
les autres diuertiffent également & l'efprit &
les yeux, & en laiffent dans la memoire vne
image qui plait & qui inftruit.

F I N.